敦煌壁画九讲

陈　俊　赵　敦
胡　洁　赵俊荣　编著

上海交通大学出版社
SHANGHAI JIAO TONG UNIVERSITY PRESS

内容提要

　　本书以敦煌壁画为素材,通过对代表作品的解读分析,培养学生对中华传统文化之美的感知力、鉴赏力等综合能力与素养。以中国传统方法来品鉴敦煌壁画艺术的美。融合了传统"六法"(气韵生动、骨法用笔、应物象形、随类赋彩、经营位置、传移模写)、"四品"(神、妙、能、逸)、吴道子画法、北宋三远法等,以及参照包括《艺术课程标准(2022 年版)》中"表现""创造""欣赏"和"融合"在内的艺术综合素养的培养,采纳了赵俊荣老师(第三代壁画临摹师的代表人物)为主的作品手稿,让学生近距离感受敦煌艺术的魅力。

　　为了拓展敦煌艺术传承的思路,培养学生创新的意识与能力,本书融入跨学科的理论、理念、案例,从而以敦煌壁画艺术为例,探索新时代中华传统文化传承与发展路径。

图书在版编目(CIP)数据

　　敦煌壁画九讲 / 陈俊等编著. -- 上海 ：上海交通大学出版社,2025.4. -- ISBN 978-7-313-32444-3

　　Ⅰ. K879.41

　　中国国家版本馆 CIP 数据核字第 20256PY444 号

敦煌壁画九讲

DUNHUANG BIHUA JIUJIANG

编　　著：陈　俊　赵　敦　胡　洁　赵俊荣	
出版发行：上海交通大学出版社	地　　址：上海市番禺路 951 号
邮政编码：200030	电　　话：021 - 64071208
印　　制：苏州市古得堡数码印刷有限公司	经　　销：全国新华书店
开　　本：880 mm×1230 mm　1/32	印　　张：8
字　　数：198 千字	
版　　次：2025 年 4 月第 1 版	印　　次：2025 年 4 月第 1 次印刷
书　　号：ISBN 978 - 7 - 313 - 32444 - 3	音像书号：978 - 7 - 88941 - 693 - 1
定　　价：78.00 元	

前　言

　　绵亘千年的敦煌石窟艺术群，是人类文明史上璀璨的瑰宝。为了让更多人通过普及课程走近敦煌，本书以敦煌壁画艺术发展历程为内容主线，以敦煌壁画经典作品为教学素材，结合中国传统美学鉴赏重点的演进展开教学内容，从而培养读者对中国传统文化的感知力、鉴赏力、表达力，以及跨学科视阈下的创新意识与能力。于2023年10月在北京召开的全国宣传思想文化工作会议，正式提出习近平文化思想，强调要坚定文化自信，秉持开放包容，坚持守正创新，为全面建设社会主义现代化国家，全面推进中华民族伟大复兴提供坚强思想保证、强大精神力量、有利文化条件。① 中华优秀传统文化的自信与自觉，应建立在基于教育的文化自知与文化认同的基础之上。可以说，从普及型美育的角度讲述敦煌壁画，是对习近平文化思想的有效践行，也是新时代赋予的新使命。

---

① 闫金红，李繁荣.习近平文化思想：出场逻辑、内涵要旨及价值意蕴[J].领导科学，2024，(03)：4-9.

一、本书意义

1. 以敦煌壁画艺术为载体钩稽中华优秀传统文化符号标识,以丰富文化思想的内涵

敦煌艺术是人类宝贵的艺术宝库与美学长卷,是中华优秀传统文化符号的重要载体。敦煌文化集建筑艺术、彩塑艺术、壁画艺术、佛教文化于一身,文化内涵博大精深、艺术形象美轮美奂,其吸引着王国维、陈寅恪、季羡林、饶宗颐等一代又一代大学者,孜孜以求,薪火相传。而神秘的敦煌莫高窟,是中华艺术美学世界的一块瑰宝,也是我国壁画艺术的一块圣地。[①] 这些壁画记录着沧海桑田、历史变迁,蕴藏着一代代艺术家与工匠的智慧与汗水。敦煌壁画内容之丰富、艺术价值之珍贵,为世界所罕见。同时,早期敦煌壁画中出现了与印度绘画技法一致的画法,画史上推崇的六朝画家顾恺之、陆探微,唐代画家阎立本、吴道子、李思训等画家的绘画风格,都可以从敦煌壁画中找到其踪迹。纵观中国美术史,敦煌壁画为我们保存了不同时期大量的绘画真迹。在唐代和唐代以前的作品十分罕见的今天,本教材将结合跨越千年的敦煌壁画作品进行介绍与解析。

以敦煌壁画艺术为载体,是以普及型美育发展中国特色社会主义文化及落实"两个结合"的生动实践。敦煌壁画既有丰富的文化符号,又饱含深邃的文化思想。敦煌壁画为我们学习中华民族的历史文化艺术交织发展的历程、读懂华夏文明传承千年的精神符号,提供了鲜活的依据与丰富的研习素材。党的十九大报告中指出,发展中国特色社会主义文化,就是以马克思主义为指导,坚守中华文化立场,立足当代中国现实,结合当今时代条件,发展面向现代化、面向世界、面向未来的,

---

① 易存国.敦煌艺术美学[M].上海:上海人民出版社,2005:2.

民族的科学的大众的社会主义文化,推动社会主义物质文明和精神文明协调发展。① 习近平文化思想坚持用马克思主义立场观点方法审视中华传统文化,从哲学的高度对新时代社会主义文化建设实践经验进行提炼、总结和概括,同时"两个结合"既坚守马克思主义魂脉和中华优秀传统文化根脉,又扎根中华文化丰厚沃土和新时代中国特色社会主义建设生动实践,让马克思主义成为中国的,让中华优秀传统文化成为现代的,让经由"结合"而形成的新文化成为中国式现代化的文化形态。② 本书将以敦煌壁画为载体,提炼并解读其起源与其中蕴含的中华民族美学语言。

2. 在百年未有之大变局中构建精神家园的美学话语体系,以深化文化自信的国际表达

在多元文化冲击与代际认知更迭的时代中,构建并传播中国特色社会主义文化的美学话语体系是新形势下的重要课题。首先,百年未有之大变局之中,国情世情愈加复杂,加强加深中国传统文化与群众之间的联系显得尤为重要。各类外来文化及艺术作品通过现代媒体技术实现全面覆盖,潜移默化地影响着人们的价值观、世界观,尤其对于价值观尚未完全形成的学生群体的冲击是不容忽视的。因此如何培养其基本的鉴别力、判断力,培养其文化认同、文化自信、文化自觉与媒介素养,是如今中国普及型美育工作面临的紧迫的时代责任。其次,如今中国国际形象"自塑"能力显著增强,在全球话语格局中的地位正由"被动"转为"主动",国际上理性客观看待中国的人越来越多,应善于用中国故事讲中国理论、用中国话语阐释中国实践,把我们的制度优势、发展优势真正转化为话语优势,努力形成同我国综合国力和国际地位相

① 黄凯锋.如何发展新时代中国特色社会主义文化[EB/OL].解放日报,[2018-02-13],http://theory.people.com.cn/n1/2018/0213/c40531-29822531.html.
② 白玉刚.深入学习贯彻习近平文化思想　勇担新时代新的文化使命[N].人民日报,2023-12-08.

匹配的国际话语权。① 本书将以敦煌壁画中的作品为例,解析并解读中国的审美语言,以及石窟壁画艺术这一无国界的文化符号、美学密码。

敦煌壁画记载着华夏文明的变迁与融合,也是全人类共同的文化语言。敦煌属于中国,敦煌学属于世界。敦煌文化是中华优秀传统文化的重要组成部分,具有世界级的影响力与亲和力。习近平总书记在敦煌调研时指出,要推动敦煌文化研究服务共建"一带一路",要积极传播中华文化,加强同共建"一带一路"国家的文化交流,增进民心相通。② 同时指出,由于自然风蚀,石窟内的壁画在慢慢褪去,敦煌的美在消逝,而传承者们在与时间赛跑,把莫高窟保护好,把敦煌文化传承好,是中华民族为世界文明进步应负的责任。③ 本书将通过敦煌壁画背后的历史故事,引领读者了解并展望世界文明的交融、文化的融合。

3. 探索基于普及型美育的全民终身教育新范式,以拓展文化两创的新思路

基于中华优秀传统文化的美育探索与实践,是新时代中国教育的重要使命。首先,党的十八大以来,党中央高度重视中华优秀传统文化的传承发展,始终从中华民族最深层精神追求的角度看待优秀传统文化,从国家战略资源的高度继承优秀传统文化,从推动中华民族现代化进程的深度创新发展优秀传统文化。④ 习近平总书记于 2014 年指出

① 中共中央党校(国家行政学院)校(院)务委员会.深刻领会习近平文化思想的丰富内涵[N].人民日报,2024-01-11.
② 石琳,朱建军,纪永元,等.人类敦煌 心向往之——关于历史文化名城敦煌的对话[J].中国民族,2023(05):109-113.
③ 习近平.在敦煌研究院座谈时的讲话[EB/OL].求是网,[2020-01-31],http://www.qstheory.cn/dukan/qs/2020-01/31/c_1125497461.htm.
④ 澎湃号·政务.学"习"传统|十四五时期要进一步提升中华文化影响力[EB/OL].澎湃新闻,[2020-10-30],https://www.thepaper.cn/newsDetail_forward_9794410.

"中华优秀传统文化是我们最深厚的文化软实力,也是中国特色社会主义植根的文化沃土",①2016 年提出要加强对中华优秀传统文化的挖掘和阐发,使中华民族最基本的文化基因同当代中国文化相适应、同现代社会相协调,②并在党的十九大报告中指出深入挖掘中华优秀传统文化蕴含的思想观念、人文精神、道德规范,结合时代要求继承创新,让中华文化展现出永久魅力和时代风采。③ 2017 年中共中央办公厅、国务院办公厅颁发《关于实施中华优秀传统文化传承发展工程的意见》提出,到 2025 年基本形成中华优秀传统文化传承发展体系。④ 其次,美育是传播与传承中华优秀传统文化的最优路径之一。作为中国现代美育的开创者和奠基人,蔡元培先生将美育定义为"美育者,应用美学之理论于教育,以陶养感情为目的者也"。⑤ 美育是我国教育事业中的薄弱环节。一些地方和学校对美育的育人功能认识不到位,重应试轻素养、重少数轻全体、重比赛轻普及。⑥ 美学的教学素材很多,而本书将使用中华传统文化内容培养当代大学生感知美、鉴赏美、表达美、创造美的能力,方使其具有美的理想、美的情操、美的品格、美的素养,以及对中华传统文化的情感与自信。

①　高斌.习近平:中华优秀传统文化是最深厚的文化软实力[EB/OL].湖北日报,[2013 - 10 - 27]. http://theory. people. com. cn/n/2013/1014/c40531-23198599. html.

②　习近平.在中国文联十大、中国作协九大开幕式上的讲话[EB/OL].新华社,[2016 - 11 - 30],http://www.xinhuanet.com/politics/2016 - 11/30/c_1120025319. htm.

③　祁述裕.党的十九大关于文化建设的四个突出特点[EB/OL].人民网-理论频道,[2017 - 12 - 01], http://theory. people. com. cn/GB/n1/2017/1201/c40531-29680137.html.

④　中共中央办公厅　国务院办公厅印发.关于实施中华优秀传统文化传承发展工程的意见[EB/OL].政府网,[2017 - 01 - 25],http://www. gov. cn/zhengce/2017-01/25/content_5163472.htm.

⑤　高平叔.蔡元培教育文选[M].北京:人民教育出版社,1980:195.

⑥　崔宁宁.补齐美育教育的"短板"[EB/OL].中国青年网,[2020 - 10 - 15],https://edu. youth. cn/jyzx/jyxw/202010/t20201015_12531120.htm.

开展普及型美育是对敦煌艺术最好的保护与传承,也是推进两创的重要基础。能够走进敦煌石窟内观赏的游客数量有限,同时对于普通游客而言,在有限的游览时间内较难真正感受到其艺术价值。因此,本书拟通过美育的手段加强普及,让更多人可以看到且看懂敦煌石窟壁画艺术,从而懂得鉴赏中华传统文化艺术。习近平总书记指出,"创新是一个民族进步的灵魂,是一个国家兴旺发达的不竭动力,也是中华民族最深沉的民族禀赋",[1]"中华文明的创新性,从根本上决定了中华民族守正不守旧、尊古不复古的进取精神,决定了中华民族不惧新挑战、勇于接受新事物的无畏品格"。在历史的长河中,中华民族始终以"苟日新,日日新,又日新"的精神不断创造自己的物质文明、精神文明和政治文明。在新时代,中国式现代化的理论创新与实践创造,激荡着中华文明这条川流不息的长河澎湃向前,也必将推动中华文明重焕荣光。[2] 本书拟结合敦煌壁画的解读以及跨学科案例的解析,激发读者对于文化两创工作的新思考。

二、本书特色

1. 以敦煌壁画为教学内容

美育是运用艺术美、自然美和社会生活美培养受教育者正确的审美观点和感受美鉴赏美创造美的能力的教育。美育需要载体。[3] 本书以敦煌壁画为素材,通过代表作品的解读分析,培养学生对中华传统文化之美的感知力鉴赏力等综合能力与素养。

① 刘发为.越是伟大的事业越需要开拓创新(望海楼·解读中共百年奋斗的历史经验⑦)[EB/OL].人民网-人民日报海外版,[2021-12-03],http://theory.people.com.cn/n1/2021/1203/c40531-32298240.html.
② 陈瑜,杨逸淇.学术圆桌|以文化自信筑牢强国复兴精神之基[N].文汇报,2024-07-21.
③ 王道俊,王汉澜.教育学[M].北京:人民教育出版社,2004:414.

2. 培养中国特色的审美标准

以中国传统方法来品鉴敦煌壁画艺术的美。本书融合了经典品评标准"谢赫六法"(气韵生动、骨法用笔、应物象形、随类赋彩、经营位置、传移模写)以及中国各时代作品的鉴赏要点,并参照包括《艺术课程标准(2022年版)》中"表现""创造""欣赏"和"融合"在内的艺术综合素养的框架。

3. 融合跨学科的教学设计

为了拓展敦煌艺术传承的思路,培养学生创新的意识与能力,本书融入了跨学科的理论、理念、案例,从而以敦煌壁画艺术为例,探索新时代中华传统文化传承与发展路径。

4. 以名家手稿与评析为赏析素材

如今很少有机会目睹敦煌壁画真迹的风采,一方面,是因为石窟内的壁画历经千年岁月的侵蚀,许多地方已经褪色或变色,出于文物保护的目的,许多洞窟已经不再对游客进行开放;另一方面,敦煌艺术在互联网传播中被大量二次创作,呈现出各种风格与形态。本书采纳了敦煌研究院的赵俊荣老师(敦煌研究院第三代壁画临摹研究的代表人物)为主的作品手稿,结合他扎根大漠近五十年的工作经验,进行壁画作品解读、分享临摹体验,让学生近距离感受敦煌壁画艺术的魅力。

三、教学目标

1. 以敦煌壁画为载体,了解中国传统美学演进历程

通过敦煌艺术,来认识中华传统文化之美。本书的第二篇、第三篇、第四篇,分别描述了敦煌石窟艺术早期、中期、晚期的壁画艺术特征以及代表作品解析,在学习不同时代的艺术风貌与美学风格的同时,培养学生对中华传统文化的认知与情感。

本书结构示意图(作者绘)

2. 以新旧融合的标准,掌握基本的艺术鉴赏的中国方法

通过赏析敦煌壁画,来学习(壁画)艺术鉴赏的模式与技能,基于传统方法,比如"谢赫六法",以及新课标准,比如感知力、鉴赏力、表达力、创造力,以敦煌壁画艺术为载体,培养学生综合的审美能力、鉴赏能力。

3. 以融合学科的模式,探索敦煌美的传承创新与传播

当敦煌艺术与人们的生活进行更广泛的融合,才能引起更大范围的关注与传播。本书融合不同的学科的视角,比如经济社会、国际传播、设计与品牌、城市发展等,培养学生"文化两创"的意识和能力,从而激发与激活传统文化新时代发展的内生动力。

4. 以五育结合引领立德树人,引导树立正确的价值观、世界观

美育是以塑造形象思维能力为己任,全面提高人们的思维意识和能力,以陶冶情操、完善人格、塑造人性,培养人们的感性力量和精神力量的教育活动。① 敦煌壁画含有包括"莫高精神"在内的丰富人文故事

① 郭连章.二十一世纪新美学[M].北京:文化发展出版社,2019:116.

题材,是德智体美劳五育的宝贵素材。一方面,学习品鉴这些壁画故事的艺术呈现特征;另一方面,通过这些历史题材引导学生形成正确的历史观宗教观人生观。

目 录

第一篇

导　论

《史记·大宛列传》记载："始，月氏居敦煌、祁连间。"

《汉书·地理志》记载："敦，大也。煌，盛也。"

《元和郡县图志》记载："敦，大也，以其广开西域，故以盛名。"

【内容概要】

- "敦煌"的由来与内涵。

- 敦煌石窟艺术价值。

- 敦煌石窟壁画的概况。

- 本书的基本结构。

第一节 人类的敦煌

一、敦煌是一座城市

敦煌地处甘肃省河西走廊的最西端,向北是"春风不度玉门关"的玉门关,向南是"西出阳关无故人"的阳关,古老的陆上丝绸之路分途南北的两线交汇在了敦煌。在敦煌,鸣沙山、月牙泉,水沙共存,延绵千年,沙不进泉,水不干涸,每一滴泉水都包含着故事,每一粒沙子都见证过历史。敦煌曾经是古代丝绸之路上的交通枢纽,商业贸易的集散之地,是世界上四大文化、六大宗教、十余个民族文化的融汇之处,在敦煌适宜的土壤上,辉煌的敦煌莫高窟及其佛教艺术应运而生。[①]

汉武帝建元三年(公元前 138 年),张骞踏上出使西域的路途,前后历时十三年,西行数万里,连通了以汉首都长安为起点,通往地中海沿岸国家的道路。经过三次河西大战,汉武帝打通了河西走廊,将中国的版图向西延伸了 2 000 余千米,并在河西走廊设置了武威、张掖、酒泉、敦煌四个行政管理区域,这就是历史上著名的"河西四郡"。

---

① 樊锦诗.禅宗经典故事[M].上海:华东师范大学出版社,2010:1.

表1-1 河西四郡地名含义

地 名	内 涵
武威	武威军功,以显示汉帝国的武功和军威到达河西
张掖	断匈奴之臂,张汉朝之腋
酒泉	扼守河西要冲,因城下有泉,泉水若酒,故名酒泉
敦煌	敦,大也,煌,盛也,即盛大辉煌

同时在敦煌以西分扼天山南北路的咽喉处设置了阳关和玉门关。从此通往西域的北、中、南三条道路都以敦煌为起点,到达中亚、欧洲。从此以后,不断有人西出阳关,又东归中土,终于开拓出了一条彪炳史册二千多年的"丝绸之路"。《史记·大宛列传》记载:"使者相望于道,商旅不绝于途。"在此后两千多年的岁月里,这块土地和这条战略通道在华夏历史上扮演了极为重要的角色。

图1-1 敦煌在古丝绸之路上的地理位置

二、敦煌是文化符号

伴随着古丝绸之路的兴盛和繁荣,东西方文明在这里长期持续地交融荟萃。不仅有外来文化的引进,也有中华文化向更广阔地域的传播浸润。历史上由敦煌传入西域地区的儒家经典、律法、医学和蒙书,传播着中华民族的哲学理念、正义价值、人本情怀和育人智慧,体现出中华文明济世安民、泽被四方的人文精神。①

季羡林先生曾经说过:"世界上历史悠久、地域广阔、自成体系、影响深远的文化体系只有四个——中国、印度、希腊、伊斯兰,再没有第五个,而这四个文化体系汇流的地方只有一个,就是中国的敦煌和新疆地区,再没有第二个。"

敦煌作为亚洲的心脏地带,曾是古代东西方交通的要道,承载的不仅是千年的时代更迭,还见证了中华文明与西方世界多个文明的交流与传承。敦煌不仅仅是中国的敦煌,更是世界的敦煌、人类的敦煌。其广袤的沙漠成了古代四大文明交汇的舞台,也承载了文化的交融与沿袭。

三、敦煌学是国际显学

敦煌学系以地名学。敦煌在古代丝绸之路上居于枢纽位置,在中西交通史上占有重要地位,因而敦煌学与吐鲁番学、丝绸之路学等相关学科关系密切,同时也与中国古代史研究、西域史研究、中亚史研究,乃至世界史研究等有千丝万缕的联系,可与这些学科互为促进,协同发展。② 自 1900 年在莫高窟发现藏经洞始,融合敦煌石窟、敦煌藏经洞、敦煌及丝绸之路文物等相关领域的研究,在世界范围内兴起的国际性显学"敦煌学",持续了一个多世纪,方兴未艾。"敦煌学"一词最早出现于 20 世纪 20 年代,但是产生较大影响的乃是 1930 年著名学者陈寅恪先生对此词的使用,他在为陈垣先生所编《敦煌劫余录》所作的序中称:"敦煌学者,今日世界学术之新潮流也。"随后学者们便普遍用"敦煌学"来指称这一以敦煌文书和敦煌石窟艺术为主要研究对象的新兴学科。

---

① 樊锦诗.挖掘敦煌文化遗产中蕴含的中华文明精神标识[N].人民日报,2024 - 07 - 01.
② 什么是敦煌学[EB/OL].敦煌旅游网,https://www.dunhuangtour.com/cn/dunhuang_learning/505.html.

随着 1944 年国立敦煌艺术研究所成立,敦煌石窟艺术研究有计划地展开,至 20 世纪 40 年代中期,敦煌学已形成了一门相对独立的严整学科。但也有学者认为敦煌资料涉及方面异常广泛,内容无限丰富,"敦煌学"不是一门成体系的学科,概括地称之为"敦煌研究"比"敦煌学"的提法更确切,更具科学性。目前这两种截然不同的观点仍在争论之中,有关敦煌学的诸多理论问题尚难以给予严密、统一的界定,但"敦煌学"这一名称却早已为学术界所习用。

敦煌文化属于中国,敦煌学属于世界。习近平总书记强调:"把莫高窟保护好,把敦煌文化传承好,是中华民族为世界文明进步应负的责任。"①敦煌学的研究资料主要是指敦煌地区遗存的古代文物和出土的文献资料。文物资料的主体是指古敦煌郡(约相当于今敦煌、安西两市县)境内的数座石窟群,特别是莫高窟中的壁画、彩塑、建筑等,同时也包括敦煌地区存留的古墓葬、长城关隘遗址、塔寺等。文献资料主要是指藏经洞中保存的数万件古籍文书,兼敦煌地区出土的汉简等其他文字资料。

四、敦煌石窟蕴含丰富的美学语言与美育素材

敦煌石窟包括莫高窟、榆林窟、东千佛洞、西千佛洞、五个庙等石窟,其中莫高窟的规模最大,现有洞窟 735 个,其中有壁画与塑像的洞窟 492 个,现存壁画 4.5 万多平方米,彩塑 3 000 余身,唐宋时期木构窟檐五座。敦煌莫高窟自公元 366 年乐僔和尚开窟始,至公元 1 368 年元朝灭亡止,历时十个世纪一千余年不间断开窟造像,按朝代可分为十六国(统治敦煌一带的是前凉、前秦、后凉、西凉、北凉)、北魏、西魏、北周、隋、唐、五代(归义军)、宋、沙州回鹘、西夏、元 11 个政权和朝代。

---

① 数字技术助力——敦煌文化绽放新光彩(文化中国行)[EB/OL].人民网.[2024 - 11 - 03].ent.people.com.cn/GB/n1/2024/1103/c1012 - 40352693.html.

这些饱经千年风霜洗礼的艺术瑰宝，比任何语言都更为生动地讲述着历史变迁中的人物之美、山水之美、乐舞之美、器物之美、生活之美、生态之美，也保留了不同时期艺术的真实面貌。学习这些壁画中代表作品，可以帮助我们掌握并实践基本的艺术与审美知识。

经过几代敦煌学者对敦煌石窟长期深入细致的调查、整理、考证、研究，敦煌石窟壁画的尊相画（指大彻大悟、大智大勇的佛，慈悲为怀、普度众生的菩萨，虔诚修行、以求自我解脱的弟子，威武勇猛、守护佛法的天王、力士，轻歌曼舞的伎乐飞天等佛教众神）、释迦牟尼故事画（指佛教教主释迦牟尼生前救度众生等善行故事，今生诞生宫廷、犬马声色的太子生活、出家修行、降魔成道、教化众生的传奇故事）、经变画（指隋唐时期中国艺术家根据大乘佛教经典创作绘制的大幅壁画）、佛教东传故事画（又名佛教史迹画，指宣扬佛教东传、佛法威力、佛迹灵验等神奇故事）、神怪画（指佛教接纳的中原汉地流行的传统神话和神怪形象）、供养人画像（指为祈福禳灾而出资开窟造像的功德主及其眷属的礼佛画像）、图案纹样（指装饰各洞窟建筑、彩塑和壁画的图案纹样）七类专题性如同天书般的内容逐渐被认识、揭示和解读。①

┌─ **拓展阅读** ─────────────────────

构筑与坚守中华民族共有精神家园②

　　导读：精神家园是人们精神寄托的地方，心灵得到安慰的地方，表现为理想、信念、人生观、价值观等多种形式。阅读本文，理解精神家园的内涵与时代意义，并思考如何在中华优秀传统文化

└──────────────────────────────

---

① 樊锦诗.禅宗经典故事[M].上海：华东师范大学出版社，2010：2.
② 马一凡.习近平总书记强调的"精神家园"[EB/OL].理论网，[2022 - 09 - 19]. https://paper.cntheory.com/html/2022-09/19/nw.D110000xxsb_20220919_2-A2.htm.

之中寻找精神符号,守护精神家园。

2013 年 1 月 22 日,习近平总书记在十八届中央纪律检查委员会第二次全体会议上强调,我们要教育引导广大党员、干部坚定理想信念,坚守共产党人精神家园。2013 年 4 月 19 日,在十八届中央政治局第五次集体学习时再次强调,要坚守共产党人精神家园。2013 年 8 月 19 日,习近平总书记在全国宣传思想工作会议上强调,要练就"金刚不坏之身",必须用科学理论武装头脑,不断培植我们的精神家园。2014 年 9 月 9 日,习近平总书记同北京师范大学师生代表座谈时强调,自觉坚守精神家园,坚守人格底线,带头弘扬社会主义道德和中华传统美德,以自己的模范行为影响和带动学生。

2019 年 9 月 27 日,习近平总书记在全国民族团结进步表彰大会上强调,坚持文化认同是最深层的认同,构筑中华民族共有精神家园。2022 年 7 月 12 日至 15 日,习近平总书记在新疆考察时强调,构筑中华民族共有精神家园。中华民族共有精神家园是中华民族赖以生存和发展的精神世界,是中华民族共同依托、共同传承、共同发扬的文化精神、道德规范、价值体系和情感观念的总和,是中华民族生生不息、团结奋进的动力源泉,它根植于源远流长的中华文化沃土,形成于自古至今各民族交往交流交融的现实过程中。中华民族共有精神家园既是中华民族在长期奋斗和融合发展中形成的,也是中国共产党领导中国人民在革命、建设、改革的伟大历程中培育、继承、发展起来的,是中华民族永续发展的不竭动力,是中华民族生生不息的精神密码,是中华民族自豪感和自信心的根源。

第二节 敦煌石窟之美

一、华戎交融之美

（一）地处咽喉锁钥

由于敦煌地理位置特殊,为其融汇不同民族的文化和风土人情而呈现出多彩的艺术风格奠定了重要基础,成为美学教育的素材宝库。

敦煌是河西走廊西端的门户,居中亚地区的最东面,由于地理位置特殊,自公元前 126 年建郡起,敦煌一直是欧亚多元文明与多重交通网络的交汇点。[①] 南朝史学家刘昭曾用:"华戎所交,一都会也"来描绘河西走廊末梢的敦煌。在中西文化的交融下不断繁荣与成长的敦煌文化,至今已经有 2 100 多年的历史沉淀。

（二）中西文化的交融

有着深厚文化底蕴的敦煌,在与外来文化交流碰撞时,呈现出勃勃生机。贯穿欧亚的丝绸之路之上不仅有频繁的商贸往来,更有丰富的文化融合,形成了敦煌艺术的肥沃土壤。西汉中期,当汉武帝实施了对匈奴的反攻后,"水草丰美,翠色遍植"的河西地区成为汉政权重点发展和建设的对象,也因为张骞"凿空"西域的关系,位于河西走廊最西端的敦煌成为连接整个欧亚大陆的重要枢纽。中原地区的丝绸、瓷器、茶叶,西域和中亚的宝石、香料、马匹,来自东西方的各色商品在敦煌集散,与此同时中亚、西亚、中原等不同的地缘文化开始相互交织碰撞,奠定了敦煌作为一个多样性思想交汇地的基础。而到了魏晋南北朝时期,中原地区战乱频繁,大量中原贵族迁徙到平静的河西地区。与之而来的中原历史文明成果和来自西域的文明在此融汇形成新的文化汇

① 樊锦诗.禅宗经典故事[M].上海:华东师范大学出版社,2010:13.

聚,出现了繁荣兴盛的局面,河西地区由此成为北方文化的中心。而就在此时,敦煌文化的集大成之作——莫高窟正式诞生。到了隋唐时期,敦煌的文化和艺术创作得到了空前的繁荣和发展,成为当时中国文化和艺术的重要组成部分。宋元时代,伊斯兰文化开始慢慢进入西域,儒家文化,佛教文化和初兴的伊斯兰文化开始交融,敦煌的文化更呈现出其多元性的一面。

（三）佛教文化的交汇

在人类文明早期的发展中,宗教对艺术有着很深的影响。公元前2世纪,佛教从发源地古印度(今尼泊尔境内)向外传播,通过丝绸之路一路东传,在中亚信徒甚多。约公元1世纪,丝绸之路上的商人最早将佛教传入中国,以后来自印度或西域的僧侣也纷纷到中国传教。当时佛教主要是沿着丝绸之路先进入河西,再传入长安,以后又传播到江南,因此河西成为首要的中转站,并与长安和江南庐山并列为中国的佛教传播中心。印度佛教在东传过程中,与中国传统文化不断融合,形成了具有中国特色的佛教体系。[①]

二、千年营造之美

（一）莫高窟的诞生

公元366年,那是五胡十六国的纷争年代。在战乱铁蹄中,人人都向往和平与安乐。一位名叫乐尊的和尚,在行至敦煌鸣沙山时,看到夕阳在对面的三危山上洒下一片金光,朦胧中崖壁上闪烁跃动的光芒仿佛化成了佛陀的身影。他被这奇异的景象所震撼,认为是佛陀在给他启示,于是他停下脚步,虔诚地在鸣沙山东面的崖壁上开凿出了莫高窟的第一个洞窟。这个洞窟,就仿佛一个宇宙的中心,在文明交汇碰撞的

---

① 樊锦诗.禅宗经典故事[M].上海:华东师范大学出版社,2010:13.

岔路口上,形成了巨大的引力场。供佛礼拜的信徒来了,身怀绝技的能工巧匠来了,风餐露宿的商团客旅来了,祈福发愿的供养人来了……一座座佛窟圣殿,开始错落地被建在山崖峭壁之上,雕龛塑像、绘壁丹青,见证着朝圣者的行走历程,被掩映在盛大的香火间,于历史的时空中渐次盛放。

图 1-2　九层楼　金良　摄①

（二）延续千年的营造

敦煌石窟被誉为"中世纪的百科全书"和"人类打开中世纪大门的钥匙",她不仅是艺术的宝库,更向世人展现了中国文化包容与开放的格局。她兴起于行走与相遇:彼时正值北魏统一北方,战火暂熄,文化

---

① 弘扬莫高精神　坚守初心使命[EB/OL].澎湃新闻·澎湃号·媒体,[2021-09-20],https://www.thepaper.cn/newsDetail_forward_14590003.

交融的时期来临了。来自古代印度的佛教,带着慈悲的内涵,以质朴劲健的艺术风格,与来自魏晋风流的灵动含蓄相融合。东与西的对话、力与美的交错,形成了崭新而独特的北朝艺术风貌,为臻于完美的大唐艺术开辟了道路。

图 1-3 莫高窟外观

敦煌莫高窟迄今保存了 735 个洞窟、4.5 万平方米壁画、2 000 多身彩塑、5 座唐宋窟檐。敦煌莫高窟是中国现存规模最大的佛教石窟寺遗址,是世界上历史延续最悠久、保存较完整、内容最丰富、艺术最精美的佛教艺术遗存,代表了公元 4 至 14 世纪中国佛教艺术的高度成就。然而,敦煌莫高窟这个千年佛教圣地,由于历史原因,公元 16 世纪以后,竟成为被历史遗忘的角落,它的丰富内涵和珍贵价值长期鲜为人知。

(三)守护壁画的匠心

常书鸿先生说:"敦煌是一个大画廊,陈列着从两晋到元代 1 000 多年间的艺术代表作。它们的作者主要是'画工''画匠',没有社会地位,住的是邻近和野人差不多的山洞,靠着对宗教的虔诚,一代代毕生从事于壁画和彩塑的创作。他们并不留恋什么残山剩水,也不主张什么胸中丘壑,而是切切实实地描绘社会生活和理想中的佛家世界,使人们喜闻乐见。他们的笔触刚劲有力,线条流畅自如,刚柔相济;用色厚重而明快,描绘精致而完整,造型更是生动完美,美轮美奂。画工所形成的淳朴而厚重的画风与后来中国文人画的绘画风格,是两种不同的风格和路子,我认为这是中国艺术的正宗与主流……"

可以说,敦煌壁画的匠人们以虔诚的态度从事着石窟艺术的创作,其匠心源自于对信仰的忠诚、对理想世界的追寻,不仅呈现于记录社会变迁与文化融合的五彩斑斓的画面之中,更表现于历代传统绘画理念及技巧的流变与传承之中。敦煌无疑是中华民族精神家园和文化符号的重要载体之一。

三、洞窟塑像共叙艺术之美

（一）窟型之美

敦煌莫高窟的各类窟形是不同时期的宗教仪轨与民族审美的演化见证。

根据洞窟的考古学特征判定出多种类型,比如以下四种。

一是早期洞窟中盛行的中心塔柱窟。此类洞窟由印度支提窟(藏舍利的塔)发展变化而成,因其窟中心有方形柱而得名,洞窟前半部是人字披顶,后半部是方柱撑顶柱地,方柱四面开龛,也有洞窟是一面或三面开龛的;此类洞窟的宗教意义主要是为了"入塔观像",当与北朝时期流行禅修观像有关,随着佛教的逐渐世俗化,宗教礼仪也逐渐简化,塔庙窟失去了其原有的功能,逐渐衰落直至消失。

二是覆斗顶形窟。因窟顶四面呈斜坡状,形如覆斗而得名,窟形平面呈方形,洞窟在正壁开龛塑像,整个窟内空间开阔,光线充足,适用于开展佛徒讲经和信众礼拜活动。此类窟形是从十六国晚期至元代唯一不断出现的窟型,隋唐时期的洞窟基本属于此窟型,是敦煌石窟构造的主要形式。

三是殿堂窟。殿堂窟平面方形,覆斗顶,有中心佛坛,坛上塑有佛像,所以又称中心佛坛窟、佛殿窟。坛前有阶陛,坛后部背屏与窟顶相接;窟顶的四个角是凹进的弧面,画有四大天王。此类洞窟是五代、宋的代表窟型。

四是大像窟。这类洞窟源于西域龟兹地区,主室正壁有一尊立在像台上高于真人的石胎泥塑大像的石窟。莫高窟有两个著名的大像窟:一是建于初唐时期第 96 窟主像高达 33 米,俗称"北大像";二是建于盛唐时期第 130 窟主像,高达 26 米,俗称"南大像",尤其是北大像其外部建筑"九层楼",是莫高窟的标志性建筑。

(二)塑像之美

由于敦煌莫高窟所在地鸣沙山的地质类型属于玉门系砾岩,不宜雕刻,所以敦煌石窟除几尊巨像为石胎泥塑外,其余塑像均以木头绑上苇草作为雕像的骨架,在苇草外被敷上粗泥和细泥,抹光刻画,再施以白粉作为底色,最后进行赋彩描绘,敦煌彩塑制作技艺不仅体现在骨架制作、制泥、塑造和敷彩四个方面,每一道工序都有其独特的要求和技巧。所以莫高窟塑像不同于其他石窟的雕像,被单独称为彩塑。

敦煌莫高窟现存彩塑 2 400 余身,如果加上小的影塑浮雕,则达到三千余身,其与壁画互相结合,互为陪衬,在窟内相得益彰,达到了整窟艺术统一和谐的视觉效果。工匠们凭着丰富的想象力将同一神像塑造得形神风貌、性格特征各不相同,富有强烈的艺术感染力和欣赏价值。

四、敦煌遗书讲述历史之美

1900 年,敦煌藏经洞在无意中被发现,出土了公元 4 世纪至 11 世纪的各种佛教经典、各异质宗教文献、儒家经史子集经典、丝路各少数民族文本(包含藏文、回鹘文、粟特文、梵文、于阗文、吐火罗文等各种文字)、大量各类社会文书、刺绣、绢画、法器以及不少佚失千年以上的古书等文物6万余件,对政治、经济、军事、历史、宗教、社会、地理、文学、艺术、民族、民俗、语言文字、文学和天文、历法、算学、医学等人文学科和自然学科都具有重要的研究价值,这些文献被总称为"敦煌遗书"。藏经洞及其文物的发现,震惊了中外学术界,学者们以藏经洞文献研究为发端,开始关注敦煌,从而掀起了对敦煌艺术和敦煌遗书持续百年的研究热潮,从而在国际上形成了"敦煌学"这一显学。藏经洞遗书的发现不仅改变了学术界对古代中国的认知,也为敦煌石窟这一世界文化遗产的研究增添了新的内容。

(一)敦煌遗书时间之美

敦煌遗书与"殷商甲骨文""居延汉简""明清内阁大库档案"合称为"20世纪初中国古文献四大发现"。与其他三处相比,敦煌遗书内容繁杂、数量庞大、跨越时间长、使用语言多、史料翔实,具有极高的文物价值、文献价值和文字价值。从表现形式上看,敦煌遗书中既有大量的手抄本,也有少量的雕版刻本印刷。从抄写或印制的时间看,敦煌遗书上至六朝前秦甘露元年(公元359年),下迄北宋咸平五年(公元1002年),前后时跨七百年之久。尤其是出土了一卷印刷精美的《金刚经》,这卷经卷的最后题有"咸通九年四月十五日"的字样(唐咸通九年,即公元868年)。这件由7个印张粘接而成、长约1丈6尺的《金刚经》卷子,图文风格凝重,印刷墨色清晰,雕刻刀法纯熟,是迄今所知世界上最早的有明确刊印日期的印刷品,比活字印刷术的出现还早了一百余年。宋代《归义军衙府酒破历》则记录了213笔归义军衙门公务用酒的"流水账"。通过这份账单,可以看到当时的敦煌官方交流频繁,商旅往来不绝;"祭拜酒""发愿酒"等内容表明社会层面各种信仰崇拜自由;寒食节、葬礼等民间祭祀活动都要有酒。还有出土的唐代《全天星图》中描绘了1 300多颗星,其中就有人们熟悉的牵牛星和织女星,被称为"世界上最早的星图"。书法中的珍品有唐人临摹的《王羲之瞻近帖·龙保帖》及被视为欧阳询楷书代表作的《化度寺碑》唐拓本。医书中有我国最早的药典《新修本草》及《灸经人体针灸图》等等。藏经洞出土遗书从各个方面反映了我国中古时期的社会状况和文化风貌,后世的研究者得以拨开历史的迷雾,通过古人亲笔书写的墨痕,千百年前的历史现场与生活细节被一一点亮,因此敦煌藏经洞出土文献被称为"人类进入中世纪历史的钥匙"。

(二)文学之美

敦煌遗书里有很多特殊文本,包括一批价值连城的孤本:文学方面,如韦庄的长篇叙事诗《秦妇吟》、通俗话本《韩擒虎话本》;经典文本方面有唐人手抄,一字未损,笔墨韵味盎然的存世孤本《道德经》、迄今为止保存最完整的唐代通俗读物《珠玉抄》等,还有大量的非汉文的边境民族文献和汉文文书中反映边地文化生活的诗歌(如边塞诗)、书仪(如河西或朔方书仪)、俗文学作品(如李陵、王昭君变文),以及当地的地志图经、求法僧的旅行记(《慧超传》《西天路竟》)等,反映了具有中华优秀传统文化的博大精深。①

藏经洞文书里的诗歌显示了敦煌地区诗歌繁荣的情景,是中国缤纷绚烂的各代诗歌百花园地里极富特色的一隅。例如,李白《长干行》中的"郎骑竹马来,绕床弄青梅",敦煌藏经洞出土的文献《九相观诗一本》中的"竹马游闾巷,纸鹤戏云中"描绘了孩童骑着竹马,手握纸鹤追逐游戏的场景,古今相通,让人触摸到历史的温度,感叹古人距离我们并不遥远。

又例如,李白《将近酒》中"君不见高堂明镜悲白发,朝如青丝暮成雪……天生我材必有用,千金散尽还复来。……与君歌一曲,请君为我倾耳听。……古来圣贤皆寂寞,惟有饮者留其名。"这四句,藏经洞出土的唐

---

① 荣新江.不仅仅是敦煌[N].光明日报,2020-12-19(09).

人手抄本《惜罇空》是这样写的:"君不见床头明镜悲白发,朝如青云暮成雪。……天生吾徒有俊才,千金散尽还复来。……与君歌一曲,请君为我倾。……古来圣贤皆死尽,唯有饮者留其名。"相较于现流行版,敦煌版读来更为狂傲,感情更为真实,也更能体现李白的人格魅力及创作个性。

利用敦煌文献保存的文人诗歌资料,学界进行了许多辑佚、整理和研究的工作。王重民的《补全唐诗》首开辑佚的先河,共补诗 97 首,又残者 3 首,附者 4 首,共 104 首。此后,他又与刘修业合作《补〈全唐诗〉拾遗》,跟进者不乏其人。对敦煌诗集的整理,当以徐俊的《敦煌诗集残卷辑考》为最规范,在叙录和校录时尽量保持写本的原有形态,将敦煌文人诗歌的整理和研究提升到新水平,这是众多敦煌文人诗歌整理成果中具有代表性的收获。

由于敦煌藏经洞的打开,大量通俗文学文献问世,这股潜在的文学新潮流才引发了学者们的兴趣和研究的热情。他们眼界大开,改变了对中国文学史的认识。1938 年郑振铎说道:"在敦煌所发现的许多重要的中国文书里,最重要的要算是'变文'了。在'变文'没有发现以前,我们简直不知道'平话'怎么会突然在宋代产生出来、'诸宫调'的来历是怎样的、盛行于明、清二代的宝卷、弹词及鼓词,到底是近代的产物呢,还是'古已有之'。许多文学史上的重要问题,都成为'疑案'而难以有确定的回答。但自从三十年前史坦因把敦煌宝库打开并发现了变文的一种文体之后,在古代文学与近代文学之间得到了链接,一切的疑问可以得到解决了。我们才知道宋、元话本和六朝小说及唐代传奇之间并没有什么因果关系,我们才明白许多千余年来支配着民间思想的宝卷、鼓词、弹词一类的读物的来历。这个发现使我们对于中国文学史的探讨,面目为之一新。"[①]正是包括"变文"在内的敦煌通俗文学的大潮,最终发展成中国文学后半期的主流,中国

---

① 郑振铎.中国俗文学史(下册)[M].长沙:商务印书馆,1938:308 - 309.

文学史也因此开始得到改写。

例如,史书中投降匈奴的西汉名将李陵,出现在藏经洞出土的《李陵变文》中:李陵率五千士卒与匈奴苦战,拼尽全力后不得不投降。这份文献创作于吐蕃占领敦煌时期(公元781—848年),书写者是以怎样的心境写出这样的故事的? 留给今天的我们无穷的想象。

(三)语言之美

敦煌文献也提供了大量新鲜的语言研究资料,这些语料主要产生于唐五代时期,其中尤以通俗的、富有口语色彩的语料最为宝贵和富有研究价值,例如变文、白话诗、曲子词及其他佛教化俗文学等。这些语料其实就是早期近代汉语研究的主要语料。大约从20世纪80年代开始,兴起了近代汉语研究的热潮,与敦煌通俗文学研究的热潮相配合,敦煌语言文字研究成为早期近代汉语研究的主要战场,呈现出蓬勃发展的态势。

词汇是语言中最活跃的成分。例如,"一别两宽,各生欢喜"这句

图1-4 藏经洞口的出土文书 斯坦因 摄

流行于网络的优美词句,就来自藏经洞出土的唐宋时期的离婚契约《放妻书》,"凡为夫妇之因,前世三生结缘,始配今生夫妇。若结缘不合,比是怨家,故来相对……既以二心不同,难归一意,快会及诸亲,各还本道。愿娘子相离之后,重梳婵鬓,美扫娥眉,巧逞窈窕之姿,选聘高官之主。解怨释结,更莫相憎。一别两宽,各生欢喜"。给我们展示了历史上真实的一幕——夫妻之间"好合好散,和平分手",真是令人感到惊奇。

拓展阅读

再思美育代宗教①

导读:拟通过此文,以敦煌壁画为载体,学习华夏文明的文化符号与美学内涵的意义,了解中国历代学者对美育与宗教之间的探索与思考,并进一步思考佛学、美学、哲学、科学之间的渊源与关联。

2006年詹志和在《佛陀与维纳斯之盟——中国近代佛学与文艺美学》一书中较早地系统研究了近代中国文艺美学史中的佛学影响问题,明确指出"将近代佛学与近代美学会通起来进行全面系统的研究",研究者应该去深入开垦发掘的一片领地。"在中国近代思想文化和文学艺术发展史的研究领域里,有很多问题,如果从会通'佛''美''二学'的角度去研究,将会得到更清晰的认识和更深透的理解"。② 彭锋在《中国美学通史·现代卷》中把美学与佛学

---

① 再思"美育代宗教"——在20世纪早期美学与佛学关系中的一个考察[J].郑州大学学报(哲学社会科学版),2018,51(02):19-24.
② 詹志和.佛陀与维纳斯之盟——中国近代佛学与文艺美学[M].长沙:湖南师范大学出版社,2006:4.

的亲缘关系列为早期西方美学传入中国的五个特点之一。他发现最初传播美学的中国学者,多数对佛学也感兴趣,比如萧公弼、吕澂、黄忏华、李叔同、丰子恺等。①

从时间上看,彭锋列举的萧公弼、吕澂、黄忏华、李叔同几人展开其美学活动的时间集中在 20 世纪 20—30 年代,但实际上在他们之前的 20 世纪初到 1920 年代的近 20 年时间里,王国维、梁启超和蔡元培就已经开启了现代中国美学的建构历程。佛学在他们的美学思考中或多或少地都占有一席之地。而 20 世纪 30—40 年代,被誉为"现代中国美学双峰"的朱光潜、宗白华二人的美学思想中仍然不乏佛学的身影。因此公允地讲,至少在 20 世纪的前半段,佛学与美学在现代中国美学史中始终保持着亲缘关系。百年前,蔡元培提出的"美育代宗教"这一命题在宗教与美学问题上首次明确显露出现代中国美学建构试图厘清"信"与"情"之复杂关系的意图。而若将该命题具体落实在 20 世纪早期中国佛学与美学的关系问题中进行考察,则可以发现,将"美育代宗教"在 1917 年的提出视为近代"佛美二学同盟关系的解体"的标志并喻示了"美学"对"佛学"的"僭越",②这一观点仍有进一步商榷的空间。这一百年命题内的某些尚未为学界所明确意识和揭示的层面也由此得以初步地呈现出来。我们之所以仍然需要对该命题进行再度思考,不仅因为该命题在现代中国美学建构与现代中国教育体系中占据重要的地位,更在于该命题本身关涉着更为复杂的国际学术思想交往流变背景和本土学术资源的现代化转化难题,仍然存在众多值得进一步探讨的问题。

---

① 彭锋.中国美学通史·现代卷[M].南京:江苏人民出版社,2014:100-101.
② 詹志和.佛陀与维纳斯之盟——中国近代佛学与文艺美学[M].长沙:湖南师范大学出版社,2006:301.

第三节 认识敦煌石窟壁画

敦煌石窟壁画艺术是多个艺术流派和多种艺术手法交流融合的结晶。创造了敦煌石窟的艺术家们受到了魏晋以来河西走廊及敦煌一带本土艺术的影响，又受到我国中原地区博大的民族文化艺术的滋养，同时大胆吸收了从印度、西域东传过来的艺术手法。在这样一种融汇的过程中逐渐形成了特殊的绘画风貌和独立的艺术体系。这种独特艺术体系的形成是古代敦煌艺术家心胸开阔、虚心学习、勇敢吸收、大胆创新的结果。敦煌壁画艺术是充满想象力的艺术。飞天，千手千眼观音，各种夸张变形的人物、动物、山川、植物以及众多装饰图案设计，无不透射出古代绘画匠师的聪明才智和想象力，在抽象和具体造型的结合中，古代艺术家找到了一片发挥其想象力的广阔空间。[①] 与此同时，敦煌壁画不是独立存在的，她与千姿百态的敦煌石窟艺术形态融合共存，同叙历史辉煌，描绘生动的历史长卷。

一、历史之印记

当历史图像资料已经成为凤毛麟角的时候，通过博大精深的敦煌壁画认识中国古代历史、社会、文化，显得尤为重要且珍贵。展示在人们眼前的不只是虚幻的佛国世界，而且是一千年敦煌和河西的形象历史，是一千年丰富多彩的古代社会生活，是一千年内涵博大的文化，是一千年壁画和彩塑艺术的发展史。[②]

敦煌壁画中的山水画是凸显中国特色的艺术载体。中国古代的山

---

① 敦煌研究院.敦煌壁画艺术继承与创新国际学术研讨会论文集[M].上海：上海辞书出版社，2008：10－11.
② 樊锦诗.禅宗经典故事[M].上海：华东师范大学出版社，2010：2－3.

水画作品并不多,因此敦煌壁画中的山水画,弥补了这一空缺,显得更加珍贵。壁画不仅彰显出古代文化的特色,亦清楚地呈现出中国古代山水画的发展演变。敦煌壁画的山水画主要着重于写实,将古代山水特色描绘得十分生动真实,同时表现了绘画家对风景的理解与情感。同时,敦煌壁画中的山水画记录了世界古代文化的历程,其中也包含了一些历史故事象征着古代文化精神,对于山水画的绘画刻画,山、水和树的描绘都是山水画的绘画特色,也是如今人们能够更加真实地凸显出山水画特色的重要依据。①

人文之美与生活之美,亦在壁画题材中得以表现。陈丹青先生曾说:"莫高窟就像是一个大型连续剧片场。"在这部连续上演了一千六百五十年、成千上万演员的"片场"里,历代的画工如同导演,画笔一挥,便将各色人物安排得井井有条:庄严的佛陀、雍容的皇帝、盛装出行的百官、时尚的贵妇、跋涉在丝绸之路上的商旅僧众、安居乐业的百姓,而这一切,正是当年的敦煌乃至欧亚大陆社会生活的缩影。此外,还有被誉为"人类打开中世纪大门的钥匙"的藏经洞。世界上的一切,都在洞窟里被吸收、被融合。外面世界的每一次革新,都会在洞窟里的壁画中留下历史的印记。

二、衰亡与抢修

随着元朝的统治中心北移,原本途经敦煌的陆上丝绸之路也逐渐绕开敦煌向北改道,同时海上丝绸之路开通,陆上丝绸之路不可避免地走向了衰亡。到了明朝,修筑嘉峪关,并以嘉峪关为界,放弃了整个嘉峪关以西地区,敦煌百姓迁徙至酒泉境内。这也直接导致了昔日国际大都市敦煌的没落,敦煌被孤悬关外,旷无建置二百多年,千年都会几

---

① 赵力冬.敦煌壁画中山水描绘特色[J].炎黄地理,2020(03):24-26.

乎变成了废墟,出现了"风摇榪柳空千里,月照流沙别一天"的凄惨景象。

直到1900年,道士王圆箓在一次清理莫高窟积沙的过程中,意外地在第16窟甬道北壁的壁画后面发现藏经洞,沉寂了几百年的敦煌才重新回到大众的视野之中。然而遗憾的是,当时的清政府正处于风雨飘摇之中,根本无暇西顾。也正是从这个时候开始,英国、法国、俄国、日本、美国等各国的探险家和学者们纷至沓来,以考古研究的名义,对藏经洞出土文物以及莫高窟部分精美壁画与彩塑进行了"掠夺式研究",藏经洞出土文物中大部分流失到英、法、俄、日、印度等十余个国家的50余处博物馆和私人收藏机构。其中就包括著名的大英博物馆、英国国家图书馆、法国国家图书馆、俄罗斯科学院东方学研究所圣彼得堡分所、日本东京国立博物馆、哈佛大学福格艺术博物馆等。陈寅恪先生曾经无比痛心地说过:"敦煌者,吾国学术之伤心史也。"

1944年,随着张大千先生、于右任先生等一批有识之士的奔走呼号,国民政府成立了"国立敦煌艺术研究所",常书鸿先生任所长,隶属于国民政府教育部,两年后改为隶属于中央研究院。这标志着敦煌莫高窟正式收归国有,结束了从明朝关闭嘉峪关开始,长达四百年无人管理、任凭损毁偷盗的历史。

中华人民共和国成立后,国家对于敦煌的保护更是高度重视,1950年,西北军政委员会文化部派专人正式接管"国立敦煌艺术研究所",并更名为"敦煌文物研究所",仍由常书鸿先生担任所长。这标志着历经沧桑的莫高窟迎来了新生。先后于1951年和1957年两次派遣各方面专家奔赴敦煌,对莫高窟的部分崖壁进行抢修和加固。1961年,国务院将莫高窟、榆林窟列为第一批全国重点文物保护单位。1962年,在国家财政非常困难的情况下,周恩来总理对《关于抢修敦煌莫高窟崖壁以保证洞窟内壁画和彩塑安全的报告》作了批示,根据梁思成先生对莫高窟加固工程"有若无,实若虚,大智若愚"的设计理念,拨巨额专款100万元,新中国第一次敦煌莫高窟的大抢修拉开了序幕。抢修工程自1963年秋季开始施工,历时3年,在铁道部职工和敦煌搬运社工人的奋战下,攻克了一道道难关,于1966年竣工,对莫高窟实施了堪称脱胎换骨式的"整容"手术。整个工程在石窟群的南北区总计4 040米的长廊中,加固了195个石窟,制作了7 000多平方米的挡墙砌体和梁柱,对363米的岩壁做了彻底的加固,并安全地解决了400多个洞窟上下4层之间的往来交通问题。修筑的钢筋混凝土和花岗石砌体代替了唐代文献记载的"虚栏"。这为今后的科学保护奠定了坚实基础,赓续守护,让千年文化瑰宝璀璨依旧。

图1-5 1907年斯坦因拍摄敦煌县城的老照片
(车上载的是即将运走的藏经洞的文物)

图 1－6　伯希和在藏经洞内

三、修复与重现

千百年来，华夏的"大国工匠"们用他们的双手和智慧，创造了古代科技文明，由他们凝聚成的"工匠精神"也不断酝酿发酵，直至成为中华民族文化的重要精神支柱之一。无论是在庙堂还是江湖间，每一个时代的那些巧思运筹的工匠们亦成为那个时代先进生产力的代表，由他们创造出来的"工匠精神"亦成为社会的重要价值观之一。而在民间，工匠文化同样获得了广泛的认同和尊重。"良田百顷不如一技在身""技多不压身"等说法不胜枚举，工匠文化逐渐成为民间信仰的重要组成部分。正是出于这种朴素认知，民众愿意学手艺，愿意将手艺练得精益求精,潜移默化中也孕育了中国工匠独特的敬业精神。

敦煌藏经洞出土的唐代文献《二十五等人图并序》中这样描述工匠精神——"虽无仕人之业,常有济世之能,此工人之妙矣"。说明工匠精神在敦煌闪耀千年,在大漠中薪火相传。"工匠精神"与坚定、踏实、严谨、执着、精益求精相关联,追求极致完美,工匠们自认为技术还不够完美时不会拿出手,也是后来以常书鸿先生、段文杰先生、樊锦诗先生为代表的"敦煌研究院文物保护利用群体"七十年来坚守大漠,守望敦煌的"莫高精神"的精髓。守望敦煌,在"守望"中看到了对事业的坚持和无悔。

例如,对于石窟壁画雕塑的临摹研究工作,几代敦煌人在几十年的临摹实践中,总结形成了一套既保护传承文物又很科学的临摹研究方法:客观临摹、复原临摹、整理临摹从客观临摹入手,面对原作,一笔一画,每个细节都要求准确到位,对于每个环节先生们都要讲评。临摹作品按照1∶1的比例还原壁画的当代形态,作为历史文物留下来。先生们要求我们要掌握各时代的艺术特征,要理解壁画的敷色方法和作画程序,要由表及里,按照壁画原来的敷色层次来画。与此同时,要有很强的笔墨线描功力,要赋予作品生命力,要生动,要传神,还要求使用好天然的矿物颜料,特别是石青、石绿、朱砂,要充分体现矿物材质的天然美感,要使色彩富于美的生命力。①

四、坚守与传承

莫高窟文物在海外的散播,迅速掀起了国外的"敦煌热"。伯希和

---

① 陈旻.大匠之风|面壁佛窟传绝技——赵俊荣的敦煌临摹世界[DB/CD].当代敦煌, [2017 - 08 - 13]. https://mp.weixin.qq.com/s?__biz=MzI2MDYxNDE1NA== &mid=2247490391&idx=1&sn=a7b841473d3f3384acae6030a92362ab&chks m=ea67aa32dd102324b7c850676ebc1e10598184dc801582184798883e671245505 7f2ce28a429&scene=27.

从莫高窟离开后编辑了名为《敦煌图录》的画册,无意中改变了留法艺术家常书鸿的一生。当时正在已经在法国艺术界获得了成功的常书鸿被敦煌艺术极大地震撼到了,他立即决定放弃优越生活,去到当时偏远荒凉的敦煌。1944年,常书鸿任"国立敦煌艺术研究所"首任所长,因一生致力于敦煌艺术的研究与保护工作,被誉为"敦煌守护神"。1994年,按照先生生前的遗愿,骨灰被葬在了他守护一生的莫高窟"宕泉河"畔,与莫高窟的标志性建筑九层楼隔河相望。他选择这里作为自己最后的归宿。原来这一待,就是一生。

　　一批又一批有志青年离开了繁华的都市,来到了西部边陲的敦煌莫高窟安家创业。他们住土房,喝咸水,点油灯,严寒酷暑,大漠风沙,孤独寂寞,磨灭不了他们心中神圣的追求,为了保护敦煌石窟,为了研究和解读敦煌石窟艺术,一年又一年,一代又一代"敦煌人"默默地奉献着青春、智慧、家庭,乃至人生。①

　　从"敦煌守护神"常书鸿先生到继任者段文杰先生,再到"敦煌的女儿"樊锦诗先生,从意气风发到两鬓斑白,将一生奉献给敦煌的研究和文物保护事业,几代人几十年如一日地在平凡的岗位上埋头苦干,接续奋斗,充分彰显了为国为民奉献的家国情怀、为事业无怨无悔坚守的敬业品格、为文化传承发展拼搏奋斗的执着追求,以实际行动诠释了"坚守大漠,甘于奉献,勇于担当,开拓进取"的十六字"莫高精神"。比起千年的敦煌,人的一生太过渺小,他们并非守着陈旧的记忆敝帚自珍,而是目睹过历史烟云,沉淀下生命中的悲欢,解析传承着古老文明的密码。从明珠蒙尘到浊气尽洗,这条路艰难漫长却意义非凡。他们守护了敦煌,敦煌更守护着这片土地,矢志不渝。

---

① 　樊锦诗.禅宗经典故事[M].上海:华东师范大学出版社,2010:2.

2019 年 8 月 19 日，习近平总书记在视察敦煌研究院时讲道："七十年来，一代又一代的敦煌人秉承'坚守大漠、甘于奉献、勇于担当、开拓进取'的莫高精神，在极其艰苦的物质生活条件下，在敦煌石窟资料整理和保护修复、敦煌文化艺术研究弘扬、文化旅游开发和遗址管理等方面做了大量工作，取得了不少重要研究成果。在这里，我向大家表示诚挚的慰问！"

─── 拓展阅读 ───

深刻领会习近平文化思想的丰富内涵①

导读：通过阅读此文，初步理解习近平文化思想的博大精深及高远立意，以及依托敦煌壁画素材，从坚定文化自信、保护历史文化遗产、促进文明交流互鉴等角度讲好新时代中国故事，以全面推进强国建设的时代意义。

文化关乎国本、国运，文化兴则国家兴，文化强则民族强。党的十八大以来，习近平总书记着眼宣传思想文化领域的新形势、新情况、新问题，站在全局和战略高度，作出一系列重要论述和指示批示，指引新时代宣传思想文化工作取得历史性成就，形成了习近平文化思想。这一重要思想内涵十分丰富，论述极为深刻，我们要深刻领会其核心要义。

一是深刻领会坚定文化自信。文化自信是更基础、更广泛、更深厚的自信，是一个国家、一个民族发展中最基本、最深沉、最持久的力量，有文化自信的民族才能立得住、站得稳、行得远，有主体性

---

① 节选自：深刻领会习近平文化思想的丰富内涵（深入学习贯彻习近平新时代中国特色社会主义思想）[EB/OL].人民网-人民日报，[2024 - 01 - 11]，http://theory.people.com.cn/n1/2024/0111/c40531-40156821.html.

的文化才有引领力、凝聚力、塑造力、辐射力。进入新时代,习近平总书记多次对弘扬中华优秀传统文化作出重要指示、批示,多次对中华优秀传统文化进行凝练概括,为我们坚定文化自信、保持文化主体性指明了方向。

二是深刻领会保护历史文化遗产。历史文化遗产承载着中华民族的基因和血脉,保护历史文化遗产是推动文化传承发展的重要基础。习近平总书记对保护历史文化遗产高度重视并作出重要指示:"把老祖宗留下的文化遗产精心守护好,让历史文脉更好地传承下去。"

三是深刻领会促进文明交流互鉴。文明因交流而多彩,文明因互鉴而丰富,文明交流互鉴是推动人类文明进步和世界和平发展的重要动力。进入新时代,习近平总书记从人类历史大视野出发,在多个重大国际场合阐明对全球文化、文明发展和交流互鉴的一系列中国立场、中国方案,提出构建人类命运共同体理念和共建"一带一路"倡议、全球发展倡议、全球安全倡议、全球文明倡议等一系列重大主张。

第四节　篇章介绍

本书主体分为四篇九讲。其中,第一篇,即此篇为导论。此篇介绍了敦煌的概况、其历史地位与艺术价值,以及敦煌艺术与敦煌壁画的诞生历程与主要呈现方式,同时讲述了敦煌守护者的事迹与莫高精神的时代意义,并概览了全书的整体架构。

第二篇、第三篇、第四篇,分别讲解敦煌早期壁画、敦煌中期壁画、敦煌晚期壁画。其中,每篇(第一讲、第四讲、第七讲)首先介绍了各个时代的历史人文背景、艺术风貌、洞窟营造情况,以及这一时期作品的鉴赏要点。同时,每篇分别以敦煌山水壁画(第二讲、第五讲、第八讲)及敦煌人物壁画(第三讲、第六讲、第九讲)的时代特征,并对经典壁画作品进行解析与解读,并结合色彩、构图等方面的鉴赏要点进行分析。

```
┌─────────────────────────────────────┐
│ 各时期                               │
│ 历史背景、人文特征、艺术风貌、鉴赏要点 │
└─────────────────────────────────────┘

┌──────────────┐          ┌──────────────┐
│ 该时期        │          │ 该时期        │
│ 山水画特征     │          │ 人物画特征     │
└──────────────┘          └──────────────┘

┌──────────────────┐    ┌──────────────────┐
│ 该时期            │    │ 该时期            │
│ 山水画代表作品鉴赏  │    │ 人物画代表作品鉴赏  │
└──────────────────┘    └──────────────────┘

        ┌──────────────────┐
        │ 拓展阅读(讲内)     │
        └──────────────────┘
            ┌──────────────┐
            │ 思考题(讲后)   │
            └──────────────┘
                ┌──────────────┐
                │ 专题研讨(篇后) │
                └──────────────┘
                    ┌──────────────┐
                    │ 探索实践(篇后) │
                    └──────────────┘
```

图 1-7　九讲篇章结构(作者绘)

其中,每讲中的两至三篇"拓展阅读",延伸了知识点的宽度与深度;每讲后的"思考题"是对本讲知识的回顾与思考。同时,每篇后的"专题研讨"以综合性跨学科的视角进行案例分析;"探索实践"结合本篇知识点进行项目式课题式体验式的学习、思考与创新实践;此外,思政及情感价值观的修正与引导贯穿全书。

▶ **专题研讨**

让莫高精神绽放新的时代光芒

一、敦煌守护者 寂寞人间世[①]

（一）莫高窟九层楼

常书鸿——留下满身"纪念品"的幸存者

第一个来了没有走的人是常书鸿。1936年,旅法画家常书鸿已经在法国度过了将近十年的光阴。通过日日夜夜的努力,他已经在法国艺术界小有成就,并且与好友王临乙、吕斯百等人在自己的巴黎家中成立了影响深远的"中国留法艺术学会"。

有一天,常书鸿从卢浮宫出来,遛到了塞纳河畔的旧书摊。在淘书时,他发现一部由六本小册子装订的《敦煌图录》,这对于他是陌生的东西。他好奇地打开书壳,看到了1907年伯希和在敦煌拍摄的三百余幅壁画和塑像图片。一时间,常书鸿被震撼了。这些1500多年前的古画图片虽没有颜色,但其奔放的笔触甚至比现代野兽派的画还要粗壮有力。常书鸿爱不释手地翻着,直到塞纳河畔的暮色慢慢变浓。

次日,他循着卖书人的建议,又在吉美博物馆看到伯希和从敦煌藏经洞掠去的大量敦煌唐代绢画,再次受到震动,他决定像自己喜爱的画家高更一样,义无反顾地离开巴黎,奔向他的塔希提岛——敦煌。于是在一个秋雨蒙蒙的日子,常书鸿将妻子和女儿留在巴黎,只身回到北京。这一走,就再也没有回来。他用了六年才走到敦煌,从巴黎蒙巴纳斯的画家,脱胎换骨成了敦煌的泥瓦匠与苦行僧。

初到敦煌时,莫高窟的境况令常书鸿感到痛心:许多洞窟被曾经

---

① 杨司奇.敦煌守护者寂寞人间世[N].新京报,2019-11-03.

借居此地烧火做饭的白俄军队熏得漆黑;大多数洞窟的侧壁被道士随意打穿;许多洞窟的前室已经坍塌;几乎全部的登窟栈道都已毁损;融化的崖顶积雪沿着裂隙渗下,壁画因受潮出现了起鼓酥碱现象;从鸣沙山吹来的流沙如瀑布一般从崖顶流下,堆积到洞窟,无人清理。常书鸿不得不暂时放弃画画,做起了石窟管理员的工作。首先要做的事是修建一道围墙,把绿洲围起来。之后的几十年,常书鸿每年都要种树,绿色从最初的小小一片杨树逐渐向北面延伸,如今已经郁郁葱葱。

(二)莫高窟第 130 窟
临摹者——一画入眼中,万事离心头

在莫高窟的诸多洞窟中,130 窟有着特别的意义,凝聚了几代艺术家的心血与命运。

此窟体量巨大,甬道宽阔,开凿于唐代开元、天宝年间,窟内立有一尊莫高窟的第二大佛,因为在九层楼内第一大佛的南边,亦被称为"南大佛"。甬道的南北壁上绘有敦煌壁画中最大的供养人像——时任瓜州晋昌郡都督的乐庭瓌一家。南壁画像是著名的《都督夫人太原王氏礼佛图》。

这组供养人像原被宋画覆盖,1908 年伯希和到莫高窟时,表层壁画尚在。到 40 年代初期,张大千在陪同于右任参观时,剥去了壁画的表层,露出了其后的唐代壁画。他在早年的记录中写道:"甬道两壁画,几不可辨,偶于残破处,隐约见内层朱色粲然,颇以为异,因破败壁,遂复旧观。"张大千这一"剥"所引发的舆论暂且不提,不过这幅名声大噪的《都督夫人太原王氏礼佛图》因此加快了脱落消逝的速度。

1955 年,当段文杰看到这幅壁画时,距其被剥去表层不到 10 年,但已经日渐模糊,所以段文杰当即决定对此画进行整理临摹。如今,原作已经漫漶不清,段文杰完成的《都督夫人太原王氏礼佛图》复原临本,

已成为后来研究者的重要依据。

对于敦煌来说,段文杰的到来是幸运的。当年敦煌艺术研究所面临关停的命运时,常书鸿出外奔走,众人皆陆续散去,而段文杰却在兰州固执地等了常书鸿一年,之后也和常书鸿一样,再没有离开过敦煌。他的壁画临摹经验一直被沿用至今,临摹作为一种重要学术研究的观念也渐渐被确立下来。

为了忠实地保留壁画原貌,临摹者首先要锤炼描线技巧,因此每个初到莫高窟的年轻画家,都会首先被告知——"先收起艺术家的浪漫和激情""先喝惯这里的水,吃惯这里的饭,临摹十年,再谈创作",然后在段文杰的带领下进行描线的基础训练。赵俊荣就是其中之一。

见到赵俊荣时,他正在临摹那幅《都督夫人太原王氏礼佛图》。已经退休多年的他,仍会每日临摹不辍,遇到刻苦认真的学生便倾囊相授、悉心指导。在他看来,壁画临摹其实也是在艺术创作,只是大家常常不以为意,愿意投身于此的年轻人也常常得不到认可。现在的敦煌仍需要大量的临摹者,因为壁画每天都在消逝,只是很多人要么不愿意,要么力有不逮,已经很少有人能安下心来,面壁数十年,去认真传承临摹的技艺,这项工作也渐渐被冷落。

赵俊荣 1977 年来到莫高窟,那时的洞窟大多无门,夏天酷暑,冬天严寒,因为光线过暗,无法工作,没有电又不能点灯,赵俊荣只能用自制的反光板采光。有时候没有现成的反光板,他就收集烟盒里的锡纸作为反光薄膜,用镜子在洞窟外面反光。如此度过多年。他觉得自己不过是一个普通的画工,在敦煌的一生只做了这一件事。段文杰先生常说:"一画入眼中,万事离心头。"这种心境,如今是多么的珍贵。

(三) 宕　泉　河
工匠——"全所上下,没有人不敬佩"

在莫高窟前,三危山下,有一条名叫宕泉河的河流,在敦煌当地常称作大泉河。根据莫高窟壁画故事,前秦建元二年前后,和尚乐僔站在宕泉河河谷的悬崖上,看到三危山在夕阳下射出万道金光,圣洁无比,于是凿壁建庙,经几百年的建设,形成了今日的莫高窟。第148窟的《唐陇右李府君修功德碑记》记载:"前流长河,波映重阁。"说的便是宕泉河。在宕泉河河畔,有一座隐蔽低调的墓地,埋葬着1949年至今的27位莫高窟人。在宕泉河畔长眠的人中,除了钻研业务的学者,也有手工技艺突出的工匠们。

(四)莫高窟北区

考古"民工"——在尘土中发掘文物

在来到敦煌的人中,有许多是下定了奉献一生的决心主动前来,也有许多是因为命运的因缘际会与偶然。樊锦诗的先生彭金章便是如此。当年,多年来两地分居的彭金章为了妻子,放弃了自己在武汉大学一手建立的考古专业,来到敦煌陪伴樊锦诗。初来时,他抱着抛弃一切的想法,但没想到在这里再次找到自己为之奋斗的学术事业。从1988年开始,主持了莫高窟北区石窟两百多个洞窟的清理发掘工作。

清理发掘北区的工作很复杂。由于北区洞窟没有门,千年沙土积累至今。在那些发掘清理的日子里,彭金章像民工一样,每天扑在尘土中。七年里,他对北区洞窟进行了六次考古发掘,几乎筛遍了北区洞窟里每一寸土,发掘出了大批珍贵文物和遗迹。其中,25个瘗窟(瘗,即埋死去僧人遗骨)的发掘,填补了这类洞窟在敦煌地区的空白,为后来者研究北区洞窟做出了很大的贡献。

其实,樊锦诗也想过离开敦煌,她也曾有过多次的犹豫和排徊。在樊锦诗最初的想象中,敦煌文物研究所是一个充满艺术气息的地方,但是1962年真的去了敦煌实习,樊锦诗看到的是研究所的工作人员一个个面黄肌瘦,穿的都是洗得发白的干部服,与当地的老乡并没有什么不同。她最初来到敦煌的目的,就是做莫高窟考古报告,只是由于后来时代和个人命运的巨变,无限地推迟了这项工作。半个多世纪后,樊锦诗才终于还了一点"债",出了考古报告第一卷。

(五) 敦煌博物馆
守护者——"常有济世之能"

敦煌藏经洞唐代文献《二十五等人图并序》中这样描述敦煌的匠人们——"虽无仕人之业,常有济世之能,此工人之妙矣"。在莫高窟,有许多无名画家们居住的洞窟群,被称为画工洞,里面高度很低,难以直立,画工们都是蹲着或是伏在地上精心绘画、雕刻。他们没有社会地位,生活贫困,只是因为对宗教的虔诚,毕生从事着壁画和彩塑的创作。现存有关画工的资料很少,只能偶尔在壁画题记和敦煌遗书中看到,敦煌文献里记载了这样一个事实——开掘洞窟的石匠和画家们由于贫困,不得不将孩子作抵押来借钱维持生活。

在许多敦煌人看来,这些无名的画工是伟大的。马德就是其中受到画工精神感召的一位学者。马德一直对莫高窟心存向往,但他说自己最初并不像常书鸿先生那样怀抱着那么崇高的理想和志愿,他只是单纯地希望找个好工作。1978 年 10 月 11 日早晨,在西部边陲的交通枢纽柳园镇,马德拨通了莫高窟敦煌文物研究所的电话,接电话的人正是常书鸿。按照常书鸿的指点,马德到设在柳园镇的西藏物资局综合公司的仓库,找到在那里检点和整理文物的史苇湘和霍熙亮,在他们的安排下,马德搭乘所里拉汽油的解放卡车,当晚就到达了莫高窟。

在那个年代,做研究的人手非常缺乏,一个人常常要身兼数职,所以马德经常一边在发掘窟前遗址,一边被同事叫去做一些操作打印机、刻蜡版的活计。1985 年,马德从《敦煌研究》编辑部调入敦煌遗书研究所,被分配专门从事敦煌遗书中石窟史料的搜集、整理和研究,很自然地接触到敦煌古代工匠文献。马德被这些古代的工匠们感染了,一头扎进了研究工作中。

在敦煌工匠等学术研究之外,马德还在着力研究敦煌的吐蕃文化。为了 30 卷《甘肃藏敦煌藏文文献》的出版工作,马德忙碌碌奔走了多年,虽然他也早已退休。这套合集卷帙浩繁,收录了许多珍贵的藏文遗书,而这些遗书很多都是由敦煌博物馆收藏,均为 1900 年莫高窟藏经洞所出。

二、"莫高精神"十六字内涵①②③

无论是在敦煌研究院内部,还是在社会各界都有一种共识,即代代莫高窟人身上积淀和凝结了一种可贵的精神。他们远离繁华城市,满怀对敦煌艺术的向往来到莫高窟,初创基业。伴着大漠戈壁,土屋油灯,在这里扎下根来,开创了敦煌石窟保护、临摹和研究的基业。漫漫黄沙,掩不住他们探索敦煌石窟的热情;大泉苦水,冲不走他们保护敦煌石窟的决心。他们克服了常人难以想象的困难,忍受着和家人分居两地、子女无法接受正常教育的痛苦,默默无闻地守护着祖国的文化宝库。2014 年,敦煌研究院樊锦诗院长在敦煌研究院成立 70 周年座谈会上将这种精神明确命名为"莫高精神","'莫高精神'是为了给常书鸿、段文杰等老一辈莫高窟人做一个总结,希望后人能将他们的精神传承下去",樊锦诗说,并将其内涵概括为"坚守大漠、甘于奉献、勇于担当、开拓进取"的 16 字基本内涵,这是对敦煌事业发展心路历程的高度概括。

坚守大漠,就是艰苦奋斗、坚韧不拔、锲而不舍的执着品质。

---

① 施秀萍.让莫高精神绽放新的时代光芒[EB/OL].敦煌研究院,[2022 - 05 - 12],https://www.dha.ac.cn/info/1021/3319.htm.
② 莫高精神[EB/OL].敦煌研究院,https://www.dha.ac.cn/mgjs/mgjs.htm.
③ 弘扬莫高精神 坚守初心使命[EB/OL].澎湃新闻·澎湃号·媒体,[2021 - 09 - 20],https://www.thepaper.cn/newsDetail_forward_14590003.

甘于奉献，就是潜心治学、淡泊名利、克己奉公的无私精神。

勇于担当，就是不忘初心、为国尽责、勇挑重担的使命意识。

开拓进取，就是解放思想、敢为人先、与时俱进的创新精神。

三、忆往昔，薪火相传凝结莫高精神①②③

"莫高精神"是莫高窟人在极其艰难困苦的环境中孕育出来的。1944年，在于右任等一批有识之士的大力倡导和社会各界的声援下，隶属国民政府教育部的国立敦煌艺术研究所正式成立，常书鸿担任所长。随后，段文杰、郭世清、范文藻、黄文馥、李承仙、霍熙亮、欧阳琳、孙儒僩、史苇湘……一批又一批后来成为杰出敦煌学者的年轻画家追随而来。这标志着敦煌石窟结束了400年无人管理、任凭损毁、破坏和偷盗的历史。1949年，中华人民共和国成立后，党和国家对敦煌石窟文物保护工作高度重视，莫高窟的保护工作迎来了春天。1950年，中央文化部将国立敦煌艺术研究所更名为敦煌文物研究所，任命常书鸿为所长。中央文化部确定了"保护、研究、弘扬"的办所方针，国家在财政困难时拨出巨款妥善修护濒危的莫高窟，石窟保护研究事业就此起步。

早年主要的交通工具就是牛拉大轱辘车以及常书鸿所长的大枣红马，职工进县城办事或者采购研究所生活用品就用牛车，进城办事基本上都是在休息日徒步前往，前一天去在敦煌县城住一晚，第二天才能返回莫高窟。1954年研究所有了第一辆吉普车，这是文化部赠送的战利品，主要用于办公，职工进城大多仍是徒步。为数不多的职工子女到县城上学，只能星期六用马车接回来，星期天再坐马车送回去。同时，早

① 施秀萍.让莫高精神绽放新的时代光芒[EB/OL].敦煌研究院，[2022-05-12].https://www.dha.ac.cn/info/1021/3319.htm.
② 莫高精神[EB/OL].敦煌研究院，https://www.dha.ac.cn/mgjs/mgjs.htm.
③ 弘扬莫高精神 坚守初心使命[EB/OL].澎湃新闻·澎湃号·媒体，[2021-09-20]，https://www.thepaper.cn/newsDetail_forward_14590003.

期莫高窟的主要照明工具就是煤油灯,白天在光线不好的时候在洞窟工作就用汽灯。1956年敦煌文物研究所有了供电设备,但发电机三天两头出毛病,大家基本还是点煤油灯照明。美术组的每一个工作人员都成了汽灯工,汽灯的各种故障都会修,就是在这样的条件下临摹了大量壁画。直到1981年,莫高窟才正式通电。

1950年敦煌文物研究所成立后的十几年间,李其琼、关友惠、刘玉权、李贞伯、万庚育、李云鹤、贺世哲、施萍婷、李永宁、孙修身、樊锦诗、彭金章、李最雄等一批专家学者响应祖国号召,从四面八方来到莫高窟。与常书鸿、段文杰等几位先生一样,他们克服了种种困难,怀着对敦煌石窟保护研究的热情和决心,白天窟前清沙、植树放羊,晚上挑灯夜读,勤勉钻研,一待就是一辈子,成为名副其实的"打不走的莫高窟人"。在这样艰苦的条件下,老一辈莫高窟人书写了一份份精彩的"敦煌答卷",开创了敦煌石窟保护、研究、弘扬各项事业发展的基业,为敦煌文物保护事业的繁荣奠定了坚实的基础。1984年,在敦煌文物研究所的基础上,扩建为敦煌研究院,经过近80年的艰苦努力,逐步发展成为我国拥有世界文化遗产数量最多、跨区范围最广的文博管理机构和最大的敦煌学研究实体。

四、看今朝,代代传承践行莫高精神①②③

进入21世纪以后,在众多大学毕业生偏向选择在大城市绘就锦绣人生的大背景下,仍有不少青年学子,受到敦煌事业的吸引和莫高精神的感召,舍弃繁华都市,甘心情愿来到莫高窟,继承发扬莫高精神,运用

① 施秀萍.让莫高精神绽放新的时代光芒[EB/OL].敦煌研究院,[2022-05-12],https://www.dha.ac.cn/info/1021/3319.htm.
② 莫高精神[EB/OL].敦煌研究院,https://www.dha.ac.cn/mgjs/mgjs.htm.
③ 弘扬莫高精神 坚守初心使命[EB/OL].澎湃新闻·澎湃号·媒体,[2021-09-20],https://www.thepaper.cn/newsDetail_forward_14590003.

数字科技,开拓创新,做新时代的"守窟人"。正是一代代莫高窟人的满腔赤诚、实干笃行写就了莫高精神。继而,这种精神升华为一种力量,跨越时空,历久弥新,在戈壁荒漠上生根发芽,开花结果。如今的敦煌研究院已形成多学科并存的研究局面。初创事业的十多名志士大都从事绘画、艺术专业。发展至今,艺术、文史、理工、管理等多学科专家,既各擅其美,并行不悖,又兼容并包,交融共进。

　　2019 年 8 月 19 日,习近平总书记视察甘肃,首站就选在敦煌莫高窟。这是党和国家对敦煌研究院几代莫高窟人奋斗业绩的高度评价,是党和国家对莫高精神的充分肯定,也是党和国家在新的历史时期,站在"十四五"时期文化发展和 2035 年建成社会主义文化强国目标任务研究部署的高度上对敦煌研究院、对莫高精神的新要求和新期许。

▶ 导读与思考

　　一代又一代莫高窟人秉持"莫高精神",隐身大漠,谱写了世人瞩目的敦煌传奇,让沉寂千年的莫高窟盛世重新焕发光彩。"莫高精神"是由几代莫高窟人在敦煌壁画与文化遗产保护、研究、弘扬的实践中共同创造的,其既是广大文物工作者守护文化家园、传承中华文明、勇于改革创新的生动写照,更是广大中华儿女宝贵的精神财富。请思考,"莫高精神"对于现代社会的重要性,以及如何在新时代传承与发扬。

▶ 探索实践

壁画临摹体验中体悟莫高精神

　　图 1-8 是莫高窟第 254 窟《萨埵太子舍身饲虎》的线描稿,请用铅笔在图上描绘,感受大师的手稿(有绘画基础的同学,亦可尝试用在白

纸上进行临摹)。

结合上文中对于莫高精神的描述,谈谈临摹线稿后的体会。

图 1-8 《萨埵太子舍身饲虎》线描稿 莫高窟第 254 窟(北魏) 赵俊荣 绘制

第二篇

敦煌早期壁画

"夫画品者,盖众画之优劣也。图绘者,莫不明劝戒,著升沉,千载寂寥,披图可鉴。虽画有六法,罕能尽该。而自古及今,各善一节。六法者何?一,气韵生动是也;二,骨法用笔是也;三,应物象形是也;四,随类赋彩是也;五,经营位置是也;六,传移模写是也。唯陆探微、卫协备该之矣。然迹有巧拙,艺无古今,谨依远近,随其品第,裁成序引。故此所述不广其源,但传出自神仙,莫之闻见也。"

——南北朝齐·《古画品录》

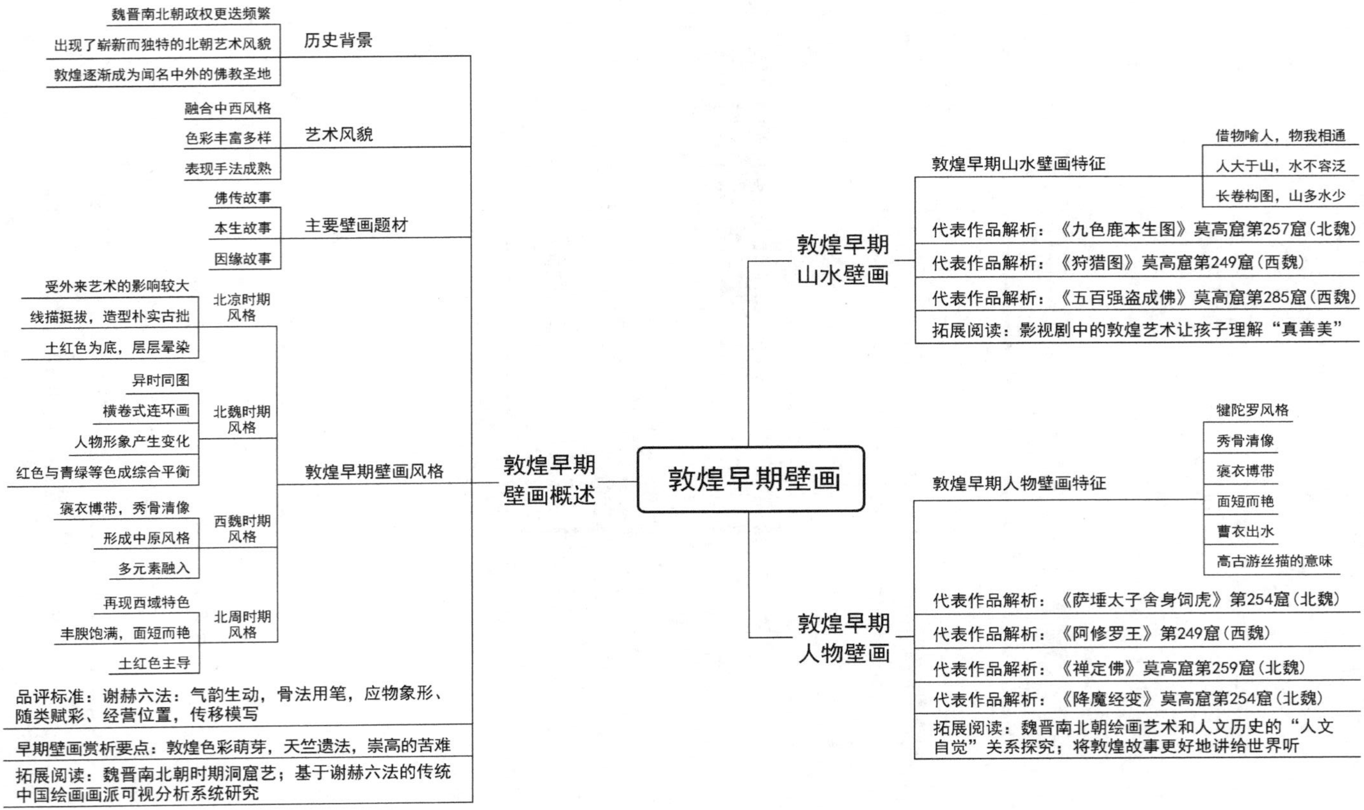

敦煌早期壁画

敦煌早期壁画概述

历史背景
- 魏晋南北朝政权更迭频繁
- 出现了崭新而独特的北凉艺术风貌
- 敦煌逐渐成为闻名中西的佛教圣地

艺术风貌
- 融合中西风格
- 色彩丰富多样
- 表现手法成熟

主要壁画题材
- 佛传故事
- 本生故事 — 北凉时期风格
- 因缘故事 — 北魏时期风格

敦煌早期壁画风格
- 异域来艺术的影响较大
- 线描斑驳，造型朴实古拙
- 土红色为底，层层叠染
- 红色与青绿色成综合平衡
  - 人物形象产生变化
  - 褒衣博带，秀骨清像 — 形成中原风格 — 北魏时期风格
  - 多元素融入 — 再现西域特色 — 西魏时期风格
  - 丰腴饱满，面短而艳 — 土红色主导 — 北周时期风格
- 横卷式连环画
- 异时同图

品评标准：谢赫六法
- 气韵生动，骨法用笔，应物象形，
- 随类赋彩，经营位置，传移模写

拓展阅读
- 魏晋南北朝绘画要点：敦煌色彩润泽，天然逸态，崇尚自觉
- 早期壁画鉴赏，基于谢赫六法的艰难
- 中国绘画画派分析的视角系统研究；

敦煌早期山水壁画

敦煌早期山水壁画特征
- 借物取人，物我相连
- 长卷构图，山多水少
- 代表作品解析：《九色鹿本生图》莫高窟第257窟（北魏）
- 代表作品解析：《狩猎图》莫高窟第249窟（西魏）
  - 秀骨清像
  - 褒衣博带
- 代表作品解析：《五百强盗成佛》莫高窟第285窟（西魏）
  - 面短而地
  - 高古游丝描的意味
- 拓展阅读：影视剧中的敦煌艺术让孩子理解"美善美"

敦煌早期人物壁画

敦煌早期人物壁画特征
- 键陀罗风格
- 秀骨清像
- 褒衣博带
- 面短而地
- 高古游丝描的意味

- 代表作品解析：《萨埵太子舍身饲虎》第254窟（北魏）
- 代表作品解析：《阿修罗王》第249窟（西魏）
- 代表作品解析：《禅定佛》第259窟（北魏）
- 代表作品解析：《降魔经变》莫高窟第254窟（北魏）
- 拓展阅读：魏晋南北朝绘画艺术和人文历史的"人文自觉"关系探究，将敦煌故事更好地讲绘给世界听

图 2-1　敦煌早期壁画概述

第一讲

敦煌早期壁画概述

【内容概要】

- 敦煌早期壁画的历史背景、艺术风貌、洞窟概况。

- 北凉、北魏、西魏时期的敦煌壁画艺术风格。

- 经典品评标准——谢赫六法。

- 敦煌早期壁画的鉴赏要点。

第一节　敦煌早期壁画概况

一、历史背景

公元 266 年西晋结束了三国的混战局面。历经短暂的统一后,北方便陷入了多民族相互争夺的战争中,你方唱罢我登场。南方则出现了宋、齐、梁、陈四个王朝。历史上把这段时间称为魏晋南北朝。

首先,魏晋南北朝政权更迭频繁。这一时期皇帝就像流水般的轮换,给人的第一个印象就是"乱"。因为魏晋时期官员的选拔施行的是依据门第高低定品级的"九品中正制",大小中正官均被豪门大族垄断,这就造成了"上品无寒门,下品无士族"的局面。长此以往,权力基本都掌握在世家豪族贵族们的手里,长期以来就形成了门阀制度。上层社会的品位喜好对艺术形式与表现产生了深刻的影响。

其次,出现了崭新而独特的北朝艺术风貌。敦煌莫高窟现存的北朝壁画,堪称古代绘画中的精品,它们不仅具有构图、线描、色彩等方面均衡、调和的形式美,而且使所在的洞窟有着明显的庄严、神秘的宗教气氛。[①] 这一时期虽然各地割据政权大混战造成了国家的大分裂,但同时又是各个民族大融合、各种文化大发展的时代。与此同时,来自印度的佛教,沿着丝绸之路,以质朴劲健的艺术风格,与魏晋风流的灵动含蓄相融合,对我国的传统绘画方法产生了极大的影响,而出现了新的表现方法。

最后,敦煌逐渐成为闻名中外的佛教圣地。在官方与民间力量的共同营建下,莫高窟的规模不断扩大,敦煌处于丝绸之路枢纽的地位不断巩固。原本就有着中原深厚文化底蕴的敦煌和来自遥远异域的文化相互交流碰撞,从而使敦煌早期艺术呈现出一派生机勃勃和灿烂多姿的景象。

二、艺术风貌

1. 融合中西风格

由于北方游牧民族的入侵,中国画吸收了西域艺术的营养,表现出多种多样的风格,既有传统的写实风格,也有带有西方影响的

---

① 艺术开卷|从西方走来的圣像尊容——北朝壁画艺术[EB/OL].澎湃新闻,[2022 - 11 - 01], https://m. thepaper. cn/kuaibao _ detail. jsp? contid = 20497831&from=kuaibao.

写意风格和宗教风格。这一时期的人物画继承了魏晋以来的描摹写实传统,但也增加了线描法等新技法;山水画开始萌芽,采用浓淡墨色表现空间感;花鸟画艳丽华贵,注重细节描写。同时,受佛教影响较深,山水胜景常将佛寺僧房置于山间或林中,表现禅意境界,同时题材更加丰富多样,不仅有山川湖海,也描绘人物、楼阁、舟车等,增加画面趣味性。此外,题材更加丰富广泛,有历史故事人物、神话人物,也有普通百姓的形象,展现不同阶层的生活,表现手法更加细致入微,运用线描精细描摹面部五官、衣纹,使人物更加传神生动。

2. 色彩丰富多样

这一时期的颜色逐渐丰富,大量应用朱砂、群青、石青等新颜料,取代了传统的青绿色调,使色彩更加多样鲜亮。用色开始丰富,除传统的水墨外,开始出现淡色设色山水画。同时,运用朱砂等鲜亮色彩,衣饰采用灵活的颜色设计。

作为宗教的场所,佛教石窟要表现的是一个佛教的理想世界。佛经中反复强调佛陀会放出各种微妙的光芒,而这些光芒又会照射到世间万物中,犹如阳光照射大地,因此,大千世界也就有了种种丰富的色彩。这样的描述必然会影响到古代工匠对洞窟壁画的色彩表现。当然,如何表现佛国世界,除了考虑应用当时的颜料等客观条件外,还不可避免地会受到印度、中亚等外来佛教艺术风格的影响。[1]

3. 表现手法成熟

线描更加流畅,用墨更加浑厚,山石、树木线条富于变化。人物形象个性特征突出,不仅注重外形,也着重塑造人物个性,并着力刻画人

---

[1] 赵声良.色彩雍容——敦煌里的中国色彩美学[EB/OL].光明日报,[2024 - 07 - 24],https://news.gmw.cn/2024-07/24/content_37455770.htm.

物神情,通过眼神、表情表现人物心理活动。风格多样,既有写实人物画,也有带有写意倾向的线描人物画。

4. 意境高远凝练

其通过简笔写意手法捕捉山水意境的自然之美、空灵之美,注重表达画家个人情趣,不仅描绘外在景色,也抒发内心情感。意境高远脱俗,人物形象蕴含着道家玄思或佛家禅意,主要代表画家如顾恺之、张僧繇等。

三、洞窟现状

敦煌莫高窟早期壁画是指北凉、北魏、西魏、北周四个时期,时间跨度从公元 420 年到公元 581 年,共 161 年。朝代的更迭使得各民族迁徙融合频繁。相对于动荡的中原,敦煌作为北朝经营西域的基地却相对稳定,成为中原的世家大族保存汉文化的重要区域,在此期间各种完全不同的思想、风俗、习惯、信仰等在敦煌强大的文化融合力作用下,最终形成了独具敦煌特色的民族风格和时代特点。就整体而言,经过敦煌这座熔炉的淬炼,从西域长途跋涉而来的佛教艺术从形象还是表现手法逐渐转向了汉族传统绘画的风格。现存早期洞窟共有 40 个。(见表 2-1)

表 2-1 早期洞窟概况

时　　间	洞窟数量
北凉(公元 422—439 年)	7
北魏(公元 439—535 年)	8
西魏(公元 535—557 年)	10
北周(公元 557—581 年)	15

拓展阅读

魏晋南北朝时期洞窟艺①

导读：魏晋南北朝时期各民族在冲突中融合，社会环境的变革造就了璀璨的艺术风貌，并在各地的石窟艺术及其壁画中表现出来。阅读此文，思考为何魏晋南北朝是我国石窟艺术的集中诞生的时期，以及艺术风貌与社会历史背景的关联。

魏晋南北朝时期，民族迁徙和融合为多元艺术的共同发展提供了有力支持，在这一背景下，石窟在中华大地上遍地开花。事实上，魏晋南北朝是我国石窟艺术的鼎盛时期，闻名中外的龙门石窟、敦煌石窟、云冈石窟、克孜尔石窟大多诞生于这一时期。洞窟艺术是指在洞窟内壁或岩石中绘画、雕塑的艺术创作。魏晋南北朝时期，以敦煌莫高窟、大同云冈石窟为代表的开凿在山体悬崖上、内部设有壁画或建筑的石窟艺术极为发达，上述壁画、雕塑作品凭借独特的风格和极高的艺术价值闻名于世。

中国四大石窟都是魏晋南北朝时期开凿的代表性艺术洞窟，大多集中在北方地区，是巨型石窟艺术景观中的佼佼者。其中，建造年代最早的是甘肃敦煌莫高窟，始建于前秦苻坚建元二年（366），在莫高窟中，最主要的洞窟艺术形式是泥塑壁画，圆塑、高塑、影塑、壁塑都是主要的洞窟泥塑形式，洞窟以壁画为背景实现了泥塑与画的艺术融合。甘肃天水的麦积山石窟的建造年代晚于莫高窟，经过十多个朝代的持续性开凿、重修在隋代基本建成。这一石窟洞窟所在的位置极为惊险，临近洞窟间，紧靠凌空栈道，洞

---

① 王文星.魏晋南北朝时期洞窟艺术形式分析[J].名作欣赏，2023（29）：37－39.

内设有大量精美泥塑。除造像外,洞窟内还有生动的石雕以及精美绝伦的壁画,造型和构图都极为经典,均为艺术珍品。

壁画是魏晋南北朝时期石窟艺术形式中最为亮眼的一部分,在我国四大石窟中敦煌壁画最负盛名。在敦煌壁画中,既有写实型画作,也有着夸张变形的绘画作品;壁画题材丰富,包括人像画、故事画、装饰画、山水画等。魏晋南北朝时期,敦煌壁画的绘画风格从情感外露、域外色彩鲜明、人物造型明显夸张的风格逐渐过渡为汉族传统绘画风格,这种变化与中原文化有关。绘画颜料经过特殊处理能使壁画历经千年而不褪色,不仅彰显出我国古代艺术作品的强大生命力,更表明我国古代化学工艺技术水平之高超以及颜料制备技能之先进。

综上所述,魏晋南北朝时期特殊的社会环境与文化环境推动了洞窟艺术事业的快速发展,以云冈石窟为代表的石窟群堪称洞窟艺术宝库。在多种因素的影响下,魏晋南北朝时期洞窟艺术形式的丰富性远超以往,表现出极强的文化交融性以及互动性,这些石头上的艺术品都是极为宝贵的文化遗产。

四、主要壁画题材

因为佛教在这一时期的广泛传播,所以以佛教为内容的壁画成为这一时期的重要画种。敦煌莫高窟的大量壁画就是这一时期佛教绘画的杰出代表。这些巨幅壁画色彩绚丽,构图严谨,题材广泛,不仅反映佛教思想,也描绘当时的历史事件和神话故事,是研究中古社会的重要资料。敦煌早期壁画的题材在内容上多为佛传故事、本生故事和因缘故事。

1. 佛传故事

佛传,顾名思义就是佛陀的传记。佛传故事就是描述佛教创始人释迦牟尼生前所经历的事迹。如"夜半逾城""树下修行""降魔成道"等内容。

2. 本生故事

本生故事,即通过绘画来描绘、表述释迦牟尼在"成佛"之前修行时的各种行善行为,具有鲜明的善恶观念和丰富的伦理思想,内容题材大多都取材于佛经,故事曲折,情节生动,是佛经中最具文学性的内容,如"鹿王本生"(九色鹿的故事)、"萨埵太子本生"(舍身饲虎的故事)等。

3. 因缘故事

因缘,即原始佛教的基本义理之一,因缘故事就是通过讲述释迦牟尼或释迦牟尼的弟子前世的各种度化众生的故事,从而来传播佛教的义理,因缘故事画是壁画非常重要的题材之一,如"沙弥守戒自杀缘""五百强盗成佛"等,其结构形式主要有主体式单幅壁画和顺序式连环壁画两种。

第二节　敦煌早期壁画风格

一、北凉时期风格

这一时期的艺术呈现出明显的跨文化融合特征,特别是在雕塑和绘画的表现上。期间丝绸之路的繁荣为敦煌带来了来自中亚、印度、波斯等地区的文化,这些元素深刻影响了这一时期的敦煌壁画艺术。

1. 受外来艺术的影响较大

比如这一时期的雕塑则呈现出典型的"犍陀罗"风格(详见第三

讲）。"犍陀罗艺术"是由来自欧洲东南部巴尔干地区的马其顿国王亚历山大大帝（前356—前323）东征时所带来的古希腊文化与东方（中亚和印度大陆）文化融合的结果。后来顺着丝绸之路传入我国，为我国的绘画、雕刻、建筑、工艺美术等带来了古希腊、古罗马的风韵。比如在人物的服饰方面则有来自中亚波斯、印度、西域龟兹、中原等各地不同的式样，人物发型卷曲，头戴印度式样的花曼宝冠，肩上斜披着来自波斯的大块方巾，上身呈半裸状，胸部的装饰品却是中原样式的璎珞，下身包裹长裙。

2. 线描挺拔，造型朴实古拙

整体上立体感很强，颇有原始的粗犷风格。画面上人物身材矮壮，造型拙朴，面部形象丰满，鼻梁高隆，直抵额际。同时，人物面部形象静穆，表现出神秘的神情，这与当时社会注重个人"禅修"的信仰有关。

3. 土红色为底，层层晕染

北凉敦煌石窟用量最大的土红色系颜料，很可能是以河西地区出产的赤铁矿制得。在色彩方面，以暖色调为主，将土红色作为主要的背景颜色，然后再绘以石青、石绿、白色等颜色，虽然是红绿相间，用色质朴、单纯、厚重、浓丽，着色用笔雄健壮丽，在视觉上却是明快又不失厚重，十分和谐。整体上，北凉、北魏的洞窟均以土红色为底，在土红底色上绘制说法图、千佛等形象，窟内气氛神秘而庄严，给人以强烈的感染力。如北凉第272窟是平面为方形的小型洞窟，正面开一佛龛。壁画整体为土红底色，包括主尊佛像的袈裟也是土红色的，但在千佛、菩萨、天人等形象的头光、衣饰等物上分别用石青、石绿、赭色、白色等颜色相间表现，全窟色调统一，气氛庄重热烈。①

---

① 赵声良.色彩雍容——敦煌里的中国色彩美学［EB/OL］.光明日报，［2024 - 07 - 24］，https：//news.gmw.cn/2024-07/24/content_37455770.htm.

二、北魏时期风格

这一时期壁画内容以本生故事和佛传故事为主。北魏时期的壁画与之前壁画相比,具有三个显著的特点。

1. 异时同图

将同时间、不同地点、不同人物之间发生的不同故事,通过不同的位置设计和连续的进行空间转换的构图形式,从而在同一幅画中表现出来,这就是中国传统绘画里"异时同图"构图法。

2. 横卷式连环画

中原地区通过情节变换来讲述故事的"横卷式连环画"出现了。为了揭示不同的主题思想,画面结构又有几种,一种是按故事的发生、发展、高潮、结束的顺序展开画面,有头有尾,有因有果。[①] 即按两头开始、中间结束的特殊顺序布局,比如,现存有莫高窟北魏第257窟1例,内容据三国吴支谦翻译的《佛说九色鹿经》,描绘了9个情节,画面安排如图2-2所示。一端为:① 溺人呼救;② 鹿经过水边;③ 鹿救溺人;④ 溺人向鹿跪谢发誓;⑤ 鹿酣睡中。画面的另一端表现了:⑥ 王后说梦,国王悬赏;⑦ 溺人告密;⑧ 溺人向导,国王乘马车捕鹿;⑨ 九色鹿直立向国王控诉溺人。画面中央是故事的高潮和结尾,给人留下回味和想象的余地。画面中具有象征性的山水和宫阙,不仅说明了人物活动的环境,而且发展了汉代画像的平面装饰美。说梦和告密的场面最为精彩,将王后娇娆作态、急切促使国王为她捕捉九色鹿的内心活动,做了深入的刻画。[②]

---

① 段文杰.敦煌早期壁画的民族传统和外来影响[J].文物,1978(12):8-20＋101-102.

② 樊锦诗.好书·推荐|让我们一起走进敦煌文化[EB/OL].上观,[2022-06-13],https://sghexport.shobserver.com/html/baijiahao/2022/06/13/768634.html.

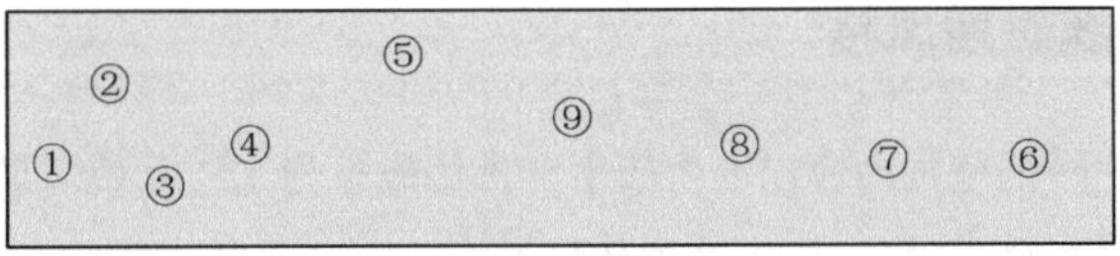

图 2-2　莫高窟北魏第 257 窟横卷式连环画示意图①

3. 人物形象产生变化

在具体形象上,矮壮的人体比例开始变得修长,衣纹线条也有了"高古游丝描"的意味。这巧妙的用色与用笔风格,使得人物呈现出不同于中原风格的立体感来,面部粗犷豪放的晕染法也逐渐变得细腻柔和。其中人物脸型的变化最为显著,由椭圆的"鹅蛋"脸变成了长下巴或长额头的长形脸,与同时代大画家顾恺之的名作《女史箴图》里人物的形象相近,同时壁画中人物服饰也开始出现中原式样的深衣袍服,原本衣褶自然的通肩长袍逐渐转变为"半披式",这就具有了草原文明的粗犷风格,而"半披式"又表现出来自东方的特色,整体呈现出一种浪漫与奇特风格。

4. 红色与青绿等色呈综合平衡

如北魏第 251 窟,其中佛像的身后染出大面积的石绿色、白色等明亮颜色以表现佛光,佛、菩萨的服饰中也较多地使用石绿和石青色。值得注意的是,南北壁后部大面积的千佛中,分别将石青、石绿、赭色、白色等颜色有规律地排列组合,整体看来仿佛一道道色光,体现着佛经中所描述的不可思议的光芒。这些不同的色调表现,使热烈的红色与明净的青绿等色形成综合平衡,洞窟的色彩基调不再是单一的红色,而是呈现出更加热烈、明亮而又典雅的气氛。②

---

① 樊锦诗.好书·推荐|让我们一起走进敦煌文化[EB/OL].上观,[2022 - 06 - 13],https://sghexport.shobserver.com/html/baijiahao/2022/06/13/768634.html.
② 赵声良.色彩雍容——敦煌里的中国色彩美学[N].光明日报,2024 - 07 - 24.

三、西魏时期风格

这期间敦煌的艺术因为南朝文化与艺术的传入而发生了非常大的变化,是中原风格与西域风格的融合期。公元525年,北魏宗室东阳王元荣从洛阳远赴敦煌出任瓜州刺史。元荣是一个虔诚的佛教徒,他在任期间不仅带来了南朝文化与艺术,更对莫高窟的营造起到了非常大的推动作用。

1. 褒衣博带,秀骨清像

西魏时期,敦煌壁画中不仅出现了新内容,人物的身材体型也变得更加修长,出现了面貌清瘦、神情爽朗、褒衣博带、风神飘逸、"秀骨清像"(详见第三讲第一节)的人物形象,取代了北魏早期面相丰圆、肢体肥壮、神态恬静的"外来"风格。

2. 形成中原风格

这个时期的壁画以白粉为底色,线条更加遒劲潇洒,色彩也更加明快,一改以往由土红作为底色的浓重色调和静穆的意境,中原传统绘画的染色法替代了西域晕染法,因而出现了爽朗明快的画面和生机勃勃的运动感,形成了一种新的艺术风格,我们称之为"中原风格"。

3. 多元素融入

在内容上也出现了传统神话的题材,同时越来越多的现实生活场景、人物、动物、山川的形象也出现在了壁画中。

四、北周时期风格

1. 再现西域特色

整体而言,西域特色的造型又再次出现在敦煌壁画之中,与中原式造型风格并存,无论是形象还是艺术风格都已呈现汉族传统绘画面貌了。北周只存在了短短的 24 年,原本处于洞窟重要位置的横卷式连环画的本生故事和佛传故事画虽然被移到了次要位置,但是其内容却得到了长足的发展。

2. 丰腴饱满,面短而艳

线描勾勒更加流畅,色彩更加清淡雅丽,故事情节更加丰富曲折,日常社会生活气息也更加浓厚。在绘画风格上出现了从"秀骨清像"到"丰腴饱满,面短而艳"的变化。

3. 土红色主导

北周时期的第 428 窟是北朝时期最大的中心柱窟,中心柱的四面及四壁均以土红色为底色,其中的佛像、故事画等除使用土红色外,多用石青、赭色、白色及少量绿色。由于此窟的绿色并非石绿,经过一千多年,大多已变暗,因而形成了以土红色为主导的洞窟氛围。[①]

第三节 品评标准:谢赫六法

魏晋时期,中国开始有了对书画作品进行品评的风气,出现了我国历史上第一部专门对绘画作品进行品评的著作——《古画品录》,这是南朝时谢赫的著作。他在这部书中收集了从三国时期到他所在的时代里有名有姓的 27 位画家,并且把这 27 位画家分成了六个品级,分别加以评述。在这本书的前言中,谢赫具体归纳列出了鉴赏评定绘画作品和作者水平优劣的"六条"标准,这相当于一个考评的积分标准,按照这六条标准逐条进行对比打分,得分高就是好作品或者大画家,反之则层层递减。后世把这六条标准称为"谢赫六法"。

唐代张彦远在《论画六法》中写道:"画有六法……自古画人,罕能

---

① 赵声良.色彩雍容——敦煌里的中国色彩美学[N].光明日报,2024-07-24.

兼之。"北宋郭若虚在《图画见闻志》中说道："六法精论，万古不移。"因为谢赫的品评标准十分公允，只关注作品本身的优劣，而不受时代远近或者作者自身财富、地位等外界因素的影响，所以一千多年来这个标准被广泛使用，是美术界所公认的书画作品的品评标准。李泽厚先生说："具有无限可能潜在性的精神、格调、风貌是魏晋时期哲学中无的主题和艺术中的美的典范。"

一、气韵生动

"气韵，生动是也"，"气韵生动"就是宇宙中鼓动万物的"气"的节奏、和谐。作为六法第一法，是指作品中刻画的形象或作品整体具有一种生动的气度韵致，富有生命的活力，也是我国绘画创作与批评的最高准则和历代画家所追求的最高境界。其原为衡量画中人物形象，后扩至其他题材作品，乃至某一绘画形式因素。

谢赫提出"气韵生动"这个美学范畴，是有历史背景的——由于在谢赫那个时代，以人物画为主，"气韵风度"的表现又因为人物品藻的社会风气而显得十分重要，因此谢赫把"气韵生动"列作他的六法第一法。"气韵"就是我们今天所说的一个人的精神面貌和对象的内在本质、内在生命等。而"气韵生动"要求画家在创作中要把人物的精神、性格"生动"地表现出来。大画家顾恺之要求画家"以形写神"，而不能只停留在"形"的层面上，要"迁想妙得"，要发挥艺术想象力，并能以高度精练的艺术技巧自由地表现出来。因此"气韵生动"不仅仅只是提出了一个美学要求，而是对汉代以来的艺术实践做了一个理论概括和总结。

同时，我国古代画家也共同认为画家"人品"的高下关乎他的作品水平的高下，"气韵"不仅表现出现实对象的内在本质、内在生命，而且也是画家"人品"的表现，这样一来，"气韵"的含义又丰富了一层。随着绘画的新发展,还逐渐打破了原来那种认为只有画人物才有"气韵生动"可言的传统旧说,把这一原则向绘画的全领域普及,不仅要表现人物的神韵,还要传达山水的神采,体现万物的灵动。这是在谢赫之后对于"气韵生动"的一个大胆的新解释。

我国在绘画评论上始终以"气韵生动"为最高的准则,要求一幅画有"气韵",这就是要求它达到艺术的生动真实的最高境界,就是要求它具有永恒的感人的生命力,也就是反对那种呆板乏味的自然主义的表象记录,这是我国绘画传统中最宝贵的精神。

二、骨法用笔

骨法用笔或称"骨法,用笔是也",其中"骨"为一比喻性概念,借指人内在性格的刚直、果断及所画人物的骨相所体现出的身份气质。谢赫的"骨法"也包含了用笔所表现的骨力、力量美,它是传统绘画特有材料工具和民族风格所决定的美学原则。

在"六法"当中,"应物象形"与"骨法用笔"是密切关联的。"骨法",简而言之,就是人的体格壮貌,又是与人的"性",即与人的操行清浊有关的。魏晋南北朝时期的人物画已开始了对人物性格与精神的刻画,这在古人看来又是与"骨法"相关的。顾恺之第一个在绘画批评中应用了"骨法"这个术语,他在《论画》中评《周本记》一画时说:"重叠弥论,有骨法"。在评《伏羲神农》一画时他说:"有奇骨而兼美好"。顾恺之之后,谢赫提出"骨法用笔",是完全从人物画出发提出来的,如果要"形似"的话,就自然必须如温彦远所说的那样"全其骨气"了。

在一幅绘画作品中用"线"来造型,"骨法"通过"用笔"得到了十分具体的表现,我国画家通常都以"用笔老辣""线条有张力"等形容"用笔"的境界。例如谢赫在评议各个画家时,就认为"纵横逸笔,力遒韵雅,超迈绝伦"是好的,而"笔迹轻羸""笔迹困弱"都是不好的。那种有表现力的"用笔"，必然是下笔之前就已充分的"立意"，做到了"意开笔先"，下笔后"不滞于手，不疑于心"，一气呵成。画完后又能做到"画尽意在"。画面的笔迹流畅、准确、自然，给人一种"力"的感觉。这就是古人何以认为"用笔"有力量是一种最高的境界的原因。

同时使我国绘画"应物象形"的技巧，也就是造型的技巧，有了很大的提高。山水画家们按照他们创作实践中的要求理解"六法"，理解"骨法用笔"，于是"骨法"的含义逐渐出现了变化，它不再是指人的形体和人的形体的造型构成，而指山水中的树木、山石、房屋、花鸟的形体的基本结构了。

三、应物象形、随类赋彩、经营位置

应物象形，或称"应物，象形是也"，指画家的描绘要与所反映的对象形似。将其置于气韵与骨法之后，表明南北朝时期对描绘对象真实性十分重视的同时又深刻地把握了艺术的外在表现与内在表现的关系，它的位置是很恰当的。

随类赋彩，或称"随类，赋彩是也"，是指着色，可以解释为色彩与所画之物象相似。

经营位置，或称"经营，位置是也"。经营原意为营造、建筑、位置或指物象的地位或指安排配置的动作，因断句不同而使"位置"或为名词，或为动词，总之指构图和构思。

"六法"中的"应物象形""随类赋彩"和"经营位置"，是第一次从理论上明确地规定了绘画艺术表观技巧的三个最基本的方面，指出了形、色、构图是绘画艺术的造型基础。至于"骨法用笔"则是"应物象形"的实际技巧，也就是我国绘画所特有的造型技巧。"六法"中的以上四法合起来，概括了我国绘画艺术的表现技巧，随着绘画实践的发展而不断丰富起来。但无论绘画如何发展，这始终是绘画艺术表现技巧的最基本的方面,这也就是"六法"何以"千载不易"的原因之一。

"应物象形"和"随类赋彩"是从形和色的方面去表现各种物象的技巧,这是画家需要掌握的最基本的技巧要求。"象形"要"应物"而"象","赋彩"要"随类而赋",这说明"六法"要求绘画中形和色的描写完全从客观的形象出发,从形、色、空间等方面去表现物象,要达到真实的境地,要以对象的要求为转移,按照不同的具体对象的要求而给以色彩的表现,这就是"随类赋彩"。

"经营位置",顾恺之称为"置陈布势",张彦远说是"画之总要"。"总要"就是纲要,概要,也就是在张彦远之后,古人所说的"布局"和"章法"。所以"经营位置"实际上就是为了表达主题而进行的对画面结构的探求,这就是通常所说的构图,这也是绘画艺术表现技巧的一个重要的基本方面。

四、传移模写

传移模写,或称为"传移,模写是也",指临摹作品。传,移也,或解释为传授、流布、递送,模为模仿。

"传移模写"是魏晋南北朝以至唐代复制名画(或名书法)的一种技术,顾恺之和张彦之都曾谈到过这种技术,《历代名画记》中记载"传写"所得的画:"既可希其真迹,又得留为证验"。就像我们现在敦煌壁画的临摹品一样。谢赫把"传移模写"放在"六法"之中,大致是为了使具有这种难能技术的人,也能在"画品中盘占一席地位罢"。

后世把"传移模写"解释成经过对名作的临摹而向传统学习,它使作为我国绘画理论体系的"六法"中包含了向传统学习这一正确的思想,从而使作为我国绘画理论纲领的"六法"更为完善。绘画上的传承,首先靠的是模写。"传移模写"也是我们向传统学习的重要方法之一。模写的功能有两个,一是可学习基本功,二是可作为流传作品的手段,由于传移模写并不等同于创作,所以谢赫将其放于六法的最末位。

┌─ 拓展阅读 ─

基于谢赫六法的传统中国绘画画派可视分析系统研究[①]

导读："谢赫六法"在魏晋时期应运而生，其作为美学理论和艺术水准品评原则，凝结着华夏文明时代的美学智慧。探讨在不同时代学者的讨论与思辨中，谢赫六法是如何融合并沉淀了不同的思想与交叉学科。

传统中国绘画是中国特有的绘画形式，不仅是东方文化的瑰宝，在世界绘画艺术史上也具有卓越地位。[②③④⑤⑥⑦] 传统中国绘画（国画）在历史的发展中形成了多种多样的画派体系。对画派的分析有助于人们更好地理解与赏析国画的价值。然而，现有工具无法直观高效地表现画作集合的绘画风格等一系列代表性特征。此文基于"谢赫六法"，提出了一个国画画派可视分析系统TCPVis，以支持用户分析国画画派的笔法、物象、赋彩等多维度特征。经过长期发展，国画形成了多种内容风格，包括不同的主题、

① 王斯加,封颖超杰,朱航,等.TCPVis：基于谢赫六法的传统中国绘画画派可视分析系统[J].图学学报.2024,45(01).
② 潘天寿.中国传统绘画的风格特点[J].美术,1978(06)：16-36,26.
③ 蒋孔阳.中国古代绘画的基本特点[J].学术月刊,2003,35(06)：51-57,102.
④ 陈佳舟,黄可好,封颖超杰,等.基于古代绘画的古诗自动生成方法[J].计算机辅助设计与图形学学报,2021,33(07)：1038-1044.
⑤ 封颖超杰,周姿含,张玮,等."为你写诗"：面向中国古典诗歌的可视化交互创作系统[J].计算机辅助设计与图形学学报,2021,33(09)：1318-1325.
⑥ ZHANG W, WONG J K, CHEN Y T, et al. ScrollTimes: tracing the provenance of paintings as a window into history[EB/OL].[2023-05-09]. https://arxiv.org/abs/2306.08834. pdf.
⑦ FENG Y, CHEN J Z, HUANG K Y, et al. iPoet: interactive painting poetry creation with visual multimodal analysis[J]. Journal of Visualization, 2022, 25(03)：671-685.

独特的技法和丰富的精神内涵。许多名家根据国画中蕴藏的中国传统文化、哲学和美学特征总结了国画赏析的标准体系,其中谢赫六法是最有代表性①②的国画赏析标准体系之一,其从意境氛围、用笔技法、包含物象、色彩信息、构图位置和对他人经验的借鉴与运用等角度概括国画的综合特征。

在国画的分析研究中时常面临画派分析的任务。画派③指国画史上出现的各种不同的绘画流派,每个画派都有其特有的绘画风格、技巧和表现手法,如侧重于刻画花鸟的"白阳青藤"、擅长用水墨点染的方式描绘山川景色的"米家画派"等。这些画派在不同的历史时期有其独特的发展和影响,同时也互相交织,互相借鉴。国画专家在进行画派分析时,需要浏览大量画作,通过对比画作在表现主题、技法、形式语言等方面的特点和风格以掌握不同画派的特征和规律,这一过程费时费力。然而,现有的大型国画图像资料数据库,如中华珍宝馆、故宫名画集等,大多根据画作的朝代、作者、馆藏等背景信息对其进行分类,无法体现画作本身具有的用笔技法、内涵意境等一系列代表性特征,难以做到基于多维度特征对大量国画同时进行直观展示,更无法支持用户从这些特征出发进一步高效分析画派,如探索不同特征之间的关联,或对同种类型画作进行对比分析等。

---

① 祝唯庸.一看就懂的中国艺术史(书画卷三)[M].桂林:广西师范大学出版社,2021:295-298.
② 蔡瑞勇.浅谈谢赫"六法"对学习书画的影响及意义[J].美术教育研究,2013(10):10-11.
③ 周积寅.中国画派论[J].艺术百家,2013,29(06):49-70,39.

表2-2　国画标注系统规则

特征	描　　述	详　细　标　签
主题	国画的画科	山水、花鸟、人物（共3个）
意境	画作在情感、思想等方面所展现出的深远意义	韶秀、沉雄、空灵等（共24个）
技法	画作中使用的具有代表性的技法	披麻皴、铁线描等（共43个）
物象	画作中包含的物象	叶、鸟、花、果等（共56个）
构图	画作的构图特点	两线构图、中心构图等（共26个）
赋彩	画作的色彩特征信息	重彩、水墨、白描等（共13个）

　　基于谢赫六法的国画画派可视分析系统 TCPVis 帮助用户分析同画派画作之间的共性，并探索更多潜在的相似国画和相关画家。该系统支持用户自行指定感兴趣的画派中的代表性画家，快速得出画作集群在如画作技法、包含物象、风格意境等维度上的分布情况；为了展现画作在特定维度上的相似性，系统在自动计算并推荐维度权重的同时允许用户自定义，并按这些权重对画作进行聚类展示，支持用户探索与目标分析画派风格相似的画作；针对用户感兴趣的画作，系统进一步提供相关细节的展示，便于用户进行对比分析，验证这些画作的画家和目标探索画派画家之间的关联性。系统整体框架如图2-3所示。

　　综上，本书提出一种多维特征向量的层级降维算法，结合不同维度的权重特征，有效地将用于描述画派特征且具有显著差异的多重特征向量降至二维，并基于此实现一个基于谢赫六法的国画

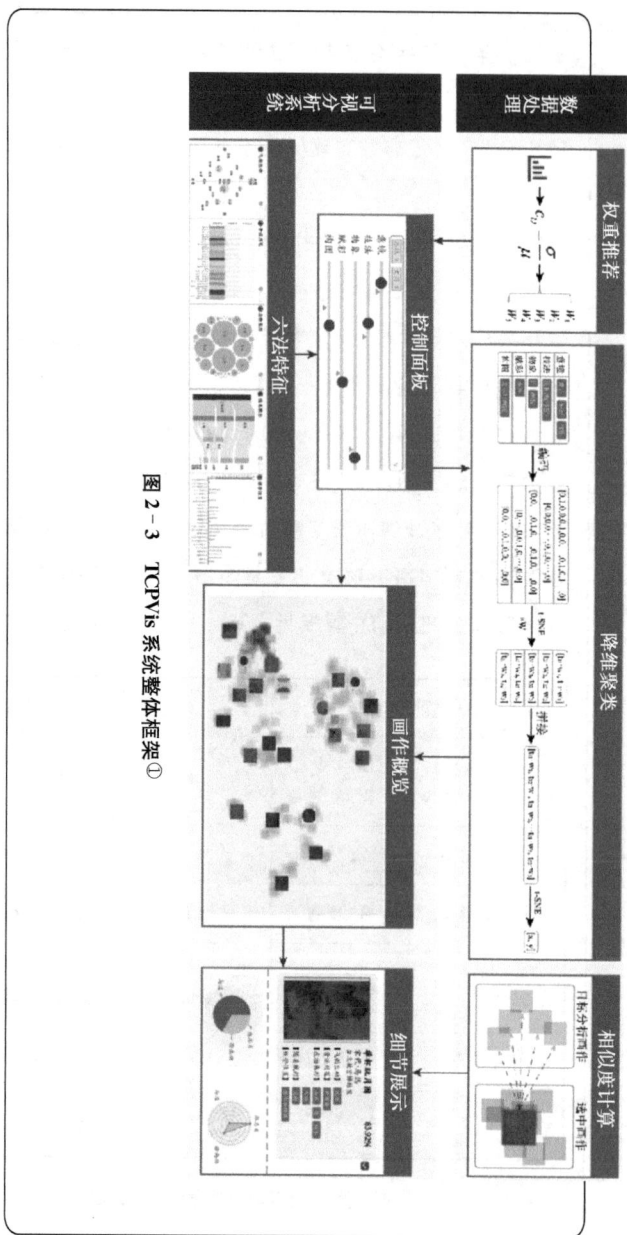

图 2 - 3 TCPVis 系统整体框架①

① 王斯加，封颖超杰，朱航，等. TCPVis: 基于谢赫六法的传统中国绘画画派可视分析系统[J]. 图学学报，2024，45（01）.

画派可视分析系统 TCPVis——通过展示不同画派在六法维度的代表性特征并推荐对应维度的权重,对画作进行聚类降维展示,帮助专家分析国画集群的代表性特征,探索风格相似的其他画作及画家,并提高画派分析的效率。

第四节 早期壁画赏析要点

一、敦煌色彩萌芽[1][2]

敦煌早期石窟中的色彩构成较多地受到外来艺术的影响,从印度的阿旃陀石窟、阿富汗的巴米扬石窟以及中亚等地出土的壁画中就可看到,以土红为底色,并配以石青、石绿,是较为普遍的现象。魏晋南北朝时期,外来民族的文化融合促进了中国色彩的变化与发展,使得色彩的使用增添了异域风格。其中,佛教石窟以鲜明的土红色来表现庄严,营造出佛教中的理想世界,但很快,受到中原内地的影响,西魏时期的佛教石窟开始采用中国式审美。从北朝到隋朝,外来风格与中国传统风格并存了较长时间。

十六国至北朝是敦煌石窟营建的第一个阶段,亦是"敦煌色彩"发展的初期。该时期壁画最突出的视觉特征是氧化变色,多体现为暗黑的色相效果和粗犷豪放的"小字脸",其主要通过由"凹凸法"绘制引起的壁画变色来分析其早期以及中后期出现的变色问题,由此涉及中原画风的侵入现象。敦煌早期壁画中用量最大的颜料当属

---

[1] 赵声良.色彩雍容——敦煌里的中国色彩美学[N].光明日报,2024-07-24.
[2] 李康敏.敦煌壁画的色彩及其历史流变[J].艺术传播研究,2023,(01):81-92.

"土红",也称"铁红"或"红土",多见于敦煌北凉壁画底色的设色。迄今为止,中原古代绘画及相关文献中亦少见土红颜料的应用及记载。白色在敦煌壁画中被应用得很广泛,早期敦煌壁画中常见的白色以高岭土为主,又以少量的白平、生石灰来敷设底色。其中,高岭土、白平在敦煌地区就有,俗称"白土";生石灰则可能因为制作工序复杂且属于碱性元素,容易引起其他颜料变色,所以在壁画中用得较少。十六国至北朝时期的说法图、故事画皆以白色为底色,可能是为了代表"天堂""佛界"的清静无为,也可能是来自中原附着底色的风格。在同时期的中原绘画中,"银朱"也是使用量较大的颜料之一,又名"紫粉霜",被认为是我国发明最早的化学颜料,与朱丹一样源于炼丹术。1 600 年过去了,当时的朱砂(红色)虽然因为时间的流逝氧化变成了黑褐色,但是画面却呈现出另一种美感,使敦煌艺术拥有了独特而古朴的"敦煌味道"。

表 2-3　敦煌莫高窟早期壁画彩塑颜料分析①

时期	朝代	色彩	颜 料 成 分
早期	十六国北魏西魏北周	红色	大量为土红,极少量是朱砂、朱砂＋极少量铅丹,土红＋极少量铅丹
		蓝色	大量为青金石,少量是石青
		绿色	大量为氯铜矿,少量是石绿
		棕黑色	主要为二氧化铅,其次是二氧化铅＋铅丹
		白色	主要为高岭土,其次是滑石,少量是方解石、云母和石膏

---

① 李康敏.敦煌壁画的色彩及其历史流变[J].艺术传播研究,2023,(01):81-92.

二、天竺遗法

能表现画面明暗面的"凹凸"晕染法，在画史上被称为"天竺遗法"。巧妙的用色与用笔风格，使得人物呈现出不同于中原风格的立体感。相传南朝的大画家张僧繇在建康（今南京）一乘寺的大门上用这种画法画"凹凸花"，观者如潮，一乘寺因此而改名为凹凸寺。唐代许嵩编撰的《建康实录》记载："寺门遍画凹凸花，代称张僧繇①手迹。其花乃天竺遗法，朱及青绿所成，远望眼晕如凹凸，就视即平，世咸异之。"张僧繇的画法正是敦煌壁画北凉至北魏壁画中较为流行的西域式画法，而西魏至北周则是中原风格与西域风格的融合期。

三、崇高的苦难②

美学性格，就是悲剧性和崇高性，或者用一位西方美学家的话来说，是"崇高的苦难"③——悲剧性以及悲剧的崇高，最能拨动观者心弦。本生故事和因缘故事画的震撼力，主要来自此。敦煌早期壁画的内容是丰富的，包括近似于其他时期壁画内容的东西。例如，它也描绘了许多社会风俗场面。④ 这些描绘具有历史学、社会学、民俗学的意义，也是构成壁画艺术价值的重要条件，同时它描绘具有特殊角度和特殊的感染力。而其中内容具有主导性，分量最重而又最令观者激动，是那一大批充满苦难描写，情感强烈而复杂，心理和思想层次难以把握的本生故事画和因缘故事画。

---

① 张僧繇(yóu)，吴中(今江苏苏州)人，南朝时期画家。
② 郎绍君.早期敦煌壁画的美学性格 [J]. 文艺研究，1983，(01)：52－65＋145－148.
③ J. 科恩《普通美学》，转引：李斯托威尔.近代美学史评述[M].上海：上海译文出版社，1980.
④ 敦煌文物研究所.敦煌研究文集[M].兰州：甘肃人民出版社，1982：　.

　　许多著作都曾指出过这些故事画在早期敦煌的地位，但大都只是一般性地肯定它对现实和现实苦难的反映，而对这种反映的艺术特征缺乏分析。恰恰是这种艺术特征，即美学个性，才使它产生了特殊的感染力量。

【思考题】

　　1. 敦煌早期壁画具有哪些特征？思考各时期的艺术风貌是如何形成的？

　　2. 请谈谈你对谢赫六法的理解，并对其历史地位进行评价。

　　3. 结合第二讲与第三讲的鉴赏作品，举例分析敦煌早期壁画的赏析要点。

第二讲

敦煌早期山水壁画

【内容概要】

- 敦煌早期山水壁画的整体特征。
- 敦煌早期山水壁画代表作品的背景与故事。
- 敦煌早期山水壁画代表作品鉴赏。

第一节　敦煌早期山水壁画特征

一、借物喻人，物我相通

中国山水画起源于魏晋，这一时期有关山水画的著述比较多。根据文献记载，这个时期出现了"借山水来寄托思想和情操"的独立的山水画作发展的萌芽。但是从现存的图像资料来看，并没有独立的山水画作品留存于世。

魏晋南北朝时期，政治的混乱致使政权更迭频繁。长期的战乱造成了整个社会弥漫着一种悲观消极的情绪。文人士大夫们纷纷隐于山野乡间以离世避祸，春夏读书，秋冬狩猎，等待天下太平。文人们的这种状态，使得魏晋时期玄学思想盛行。而玄学是推崇、关注自然的。中国山水画的特点之一就是"借物喻人，物我相通"，将自身的人生态度、生命感悟、政治抱负等通过书画作品表达出来。魏晋名士们寄情山水的情怀，推动了中国山水画的启蒙与发展。

二、人大于山，水不容泛

魏晋时期，是中国山水情绪开始与发达的时代。中国的诗人、画家是用"俯仰自得"的精神来欣赏宇宙，用心灵俯仰的眼睛来看空间万象，从而跃入大自然的节奏中去"游心太玄"。画家以流盼的眼光绸缪于身所盘桓的形形色色，所看到的不是一个透视的焦点，所在乎的不是一个固定的立场，所画的具有音乐节奏与和谐的境界。中国最早的山水家宗炳（公元 5 世纪）在他的《画山水序》里就写道：山水画家的事务是"身所盘桓，目所绸缪。以形写形，以色貌色""竖画三寸，当千仞之高，横墨数尺，体百里之迥。是以观图者，徒患类之不朽，不以制小而累其似，此自然之势"这就说明在中国山水画的发展中，是采用散点透视的方法，不以模仿自然为目的，而是把"神"放在首位。

唐代张彦远在其绘画通史著作《历代名画记》卷一的《论画山水树石》一篇中，曾用"或水不容泛，或人大于山"来概括"魏晋以降"。原文是这样说的——"魏晋已降，名迹在人间者，皆见之矣。其画山水，则群峰之势，若钿饰犀栉。或水不容泛，或人大于山。率皆附以树石，映带其地。列植之状，则若伸臂布指。"意思就是说这一时期的山水绘画作品在绘制的整体感觉古朴，形象高度概括化，笔触相对稚拙、奔放。山的形象就像木梳的齿牙一样，水面不是日常所见到的波光粼粼的样子，人物的形象在画面中比山还要大。

中国绘画在主题内容和表现形式上的风格特征，可以从现存的敦煌早期壁画中看到。魏晋以降,中国绘画之所以"人大于山"并不是画家不知道"水"与"泛"的比例,而是画家在这里强调"人物"在作品中的重要性,有意把山、水、树、石、车、房等作为次要衬托,有意把"山"和"水"作为画面的背景,象征点缀,从而起到突出人物在故事画中的作用。

三、长卷构图,山多水少①

北朝石窟壁画中的山水,一般是山多水少,山都是作为长条形画面的近景。敦煌石窟现存最早的山水绘画,在北魏时期的中心柱窟里,一般是被画在四壁下部金刚力士的下面。形状简单,以近乎三角形的山头,很有规律地排列,颜色有赭红、石绿、黑等,产生了一种装饰效果。有的佛说法图的上部也画了一排山峦,以比喻所在的场景。如《九色鹿本生》(见第二讲)故事画中,斜向画出了一条大河,除了下部的一列山峦外,还在中部画了两排斜向延续的山峦,形成了一种纵深感,为人物情节提供了开阔的背景,同时也起到了间隔故事发展情节的作用。在西魏石窟中,山水画的装饰作用得到了更大程度的发展。北周时期,由于故事画大量涌现,山水一方面可以表示野外环境,另一方面又可以作为故事的间隔。由于故事画采用的是长卷式构图,画家们就利用山峦的起伏蜿蜒,分隔出一个个小的空间,成为每一个情节的小环境,而在全图中又连成一气,使故事画获得了一种活泼的韵律。《萨埵那太子本生》是在三条平行的画面上呈"已"形构图,如图 2-4 所示,用一座座山顺序排列组成圆弧形、梯形、三角形、斜方形等形状的空间,让故事中的人物反复在这些空间出现。山峰空隙间还穿插了一些不同形状的树,葱翠繁茂,随风摇动。

---

① 艺术开卷｜从西方走来的圣像尊容——北朝壁画艺术［EB/OL］.澎湃新闻,［2022-11-01］, https://m.thepaper.cn/kuaibao_detail.jsp?contid=20497831&from=kuaibao.

图 2-4 《萨埵那太子本生》壁画(局部) 莫高窟第 428 窟东壁(北周)①

第二节 代表作品解析:《九色鹿本生图》
莫高窟第 257 窟(北魏)

一、壁画背景

这幅壁画位于敦煌莫高窟第 257 窟东壁,是敦煌莫高窟最优美的壁画之一,同时也是一个家喻户晓的故事。北魏时期,随着佛教在中国的传播,佛教艺术在敦煌莫高窟得到了长足的发展。敦煌位于丝绸之

---

① 艺术开卷|从西方走来的圣像尊容——北朝壁画艺术[EB/OL].澎湃新闻,[2022 - 11 - 01], https://m. thepaper. cn/kuaibao _ detail. jsp? contid = 20497831&from=kuaibao.

图 2-5 《鹿王本生》第 257 窟(北魏) 赵俊荣 临摹

路要道,汲取了中原汉族艺术、西域诸国艺术的营养,形成自己独特的艺术风格。《鹿王本生》就是这一时期莫高窟壁画创作的代表性作品之一,它吸收了魏晋以来山水画的传统,又显示出强烈的宗教画特色。

二、壁画故事

在《六度集经》上,原文这样写道:"……乌日,友乎,王来捕尔,鹿疲不闻。啄耳重云,王来杀尔,鹿惊,睹王弯弓向己,疾驰造前,跪膝叩头。"

佛祖释迦牟尼的前世是九色鹿王。有一天,它从河里救起了一个溺水者,这个溺水者千恩万谢,跪在九色鹿面前,愿意成为九色鹿的仆人,以报答救命之恩。九色鹿对他说:"你不必谢我,你出去后不要向别人透露我的住处就好。"溺水者答应了。

与此同时,这个国家的王后做了一个梦,梦中有一只九色神鹿,十分漂亮。王后醒来后,就告诉国王,她想得到这只神鹿。于是国王就发告示,如果有人能够找到九色鹿,就给他重重的封赏。这个溺水者看见了悬赏告示后动了心,于是就去对国王说出了九色鹿的行踪,并带领着军队去抓捕九色鹿。当时九色鹿正在树下休息,它的好朋友乌鸦在空中发出长鸣唤醒九色鹿,告诉它赶快离开。但是已经来不及了,国王的大军已经把它团团围住。九色鹿发现军队的向导正是那个溺水者,九色鹿毫无惧色,迎着国王走去,向国王说出了溺水者忘恩负义的卑劣行径。国王被九色鹿的善良所打动,放走了九色鹿,同时下令全国——永远不许伤害九色鹿。而那个出卖了九色鹿的溺水者也浑身长满了毒疮,羞愧难当地躲到了山林之中。作者在当时大多数人不识字的情况下,用生动形象的图画形式,把抽象、深奥的佛教经典史迹讲述出来,表达人们对真善美的追求,安抚人们的心灵。

三、作品鉴赏

《鹿王本生》借物喻人,展现了北魏时期敦煌壁画在线描法、布局、色彩运用等方面的新风格和新特点,而其中鹿的形态传神地表现了动物的生命力和天性,鹿的形态挺拔流畅,富有动感,母鹿神态温顺,小鹿活泼可爱,与周围山水浑然一体,生动地表现出动物的活力,传达出动物的生机与个性,既彰显了敦煌艺术大师的高超绘画技艺,也体现了他们对佛教故事的精湛诠释。

壁画的绘制者并没有画九色鹿向国王跪膝叩头,相反画它昂首坦然勇敢地站在国王的马前,鹿的形象很美,也最为突出,这里的所谓的"美",是美在它的精神状态。画中的白色骏马,脖颈弯曲如钩,腿部细长而无关节,显然不符合生理规律,但一匹步履轻捷、风姿飒爽的白马"脱壁而出"。人物的衣袂飘举、下笔肯定,线条潇洒飘逸,笔触拙朴中不失雄健。这里充分运用了"夸张"这一手法,将现实生活中的形象合乎规律地增大或延伸,创造了合乎理想的形象。宫殿和山水是用象征化的手法来表现的,很像舞展布景。重画以赭红色作为底色,满地是以偏于装饰性的小花小草,使画面显得活泼。既衬托出了美丽的鹿王,更增加了童话的气息。

在画面布局方面,采用了异时同图,同时全图布局开阔宽广,严谨细致,疏密有致,空间层次感强,近景林木和远景楼阁、山石的对比渲染出豁亮的画面空间感,林木之间巧妙利用竹石等小景深入表现空间的纵深感。壁画采用簇组的结构布局,共画有 9 只鹿,分为三组,每组一大两小,表达出山林中的母鹿与小鹿家族关系。同时,这幅壁画对于"异时同图"的构图法方式,对时空的表观方式,在莫高窟这些古代画工们手中,被运用得非常灵活,因此这些作品获得了生命,它富有诱惑力,可以把人们带到一个别致而又带神秘色彩的超世界中去。

在色彩方面,古朴和谐,以红、绿、白为主,颜色明快清新,其明暗对比强烈、烘托出空间层次,色彩的搭配丰富了画面语言。同时颜色对比强化了画面感和景深效果。这幅壁画色彩接近于平涂,朱赫色的底色、绿的河水、绿的屋顶,色相是红与绿的对比,色度是深与浅的对比,色调是稳重与明快的对比。画面既明朗又庄重,并且在稳重中透出明朗,颜色搭配相得益彰,共同构成了一幅古朴和谐的画面。这一绘画特征表现出中华民族在文化发展上的深厚底蕴与源远流长。

> ┌─ 拓展阅读 ─
>
> ### 影视剧中的敦煌艺术让孩子理解"真善美"①②
>
> **导读**:敦煌艺术博大精深,是佛教艺术与中华民族传统文化相结合的集中体现,对民众文化视野的拓展和审美素养的积累有着重要作用。"九色鹿"通过课本及动画片进行传播普及,生动形象,

---

① 崔岩.敦煌艺术让孩子理解"真善美"——专访常沙娜[J].美术观察,2023(06):5－7.

② 敦煌文化旅游.这届童年的"敦煌"长啥样? 看《敦煌的故事》[EB/OL].澎湃新闻·澎湃号·政务,[2024－06－17],https://www.thepaper.cn/newsDetail_forward_27780444.

入耳入心,让敦煌活了起来,动了起来。让我们一起聊聊对九色鹿的记忆吧。

一代人有一代人的"敦煌",这是小朋友们全新的敦煌故事,也是我们共同的文化宝藏。乘风而行,在风沙里望见过去与未来,也望见传承与创新。由中央广播电视总台少儿频道与央视动漫集团精心策划、精准打造的动画作品《敦煌的故事》是一部名副其实的"合家欢"动画,被国家新闻出版广电总局评为"2023年第四季度优秀国产动画片",同时入围第29届上海电视节白玉兰奖最佳动画片/最佳动画剧本,并在2024年6月中旬举行的2024年法国昂纳西国际动画节上,作为中国优秀动画作品进行现场推介,向世界讲好中国故事、传播优秀文化。每集一个"敦煌主题人物",他们或真实或虚构,但都是基于历史遗迹的再创作,从壁画中再现过去的生活,展现中国作为文化大国的非凡气度。生动鲜活的动画场景与敦煌研究院提供的壁画原图有机融合,虚实相生,与观众共同完成了历史的想象力延伸。

原中央工艺美术学院(现清华大学美术学院)院长常沙娜教授当被问到"当接触敦煌艺术对引领学生健康向上的审美实践有何意义"时提出:"虽然敦煌艺术的形式十分多样,内容也很丰富庞杂,但它的宗旨就是宣扬真善美,这是经典艺术的永恒主题。真是真实,不虚假;善是善良,不作恶;美是优美,不丑陋。比如敦煌壁画中的鹿王本生故事画,取材于三国吴支谦译的《佛说九色鹿经》,故事大意是说生活在森林里的九色鹿救了一名落水人,但是被背信弃义的落水人出卖,最终九色鹿仗义执言,使得落水人受到了应有的惩罚。虽然这铺壁画源自佛教故事,但是被画师绘制为一幅长卷式连环故事画,其引人入胜的情节、优美动人的造型和惩恶扬善的主旨在一千多年间打动了无数观者。这个故事后来被上海美术电影制片厂改编成动画片,滋养着千千万万的人的心灵。可见,通过对敦煌艺术的学习,不仅可以使孩子们提升健康向上的审美能力,而且对于塑造孩子们的是非观和价值观也具有积极意义。"

第三节　代表作品解析:《狩猎图》莫高窟第249窟(西魏)

一、壁画背景

《狩猎图》位于莫高窟西魏洞窟第249窟主室西壁上部,根据《敦煌石窟考古报告》,这铺壁画绘制于西魏永安三年(530年),这一时期北魏统一北方后,社会相对稳定,绘画艺术得到较大发展。这幅壁画是敦煌莫高窟早期艺术中最有生活气息的一幅作品。作品简朴大气,精炼而不简单,是西魏早期壁画的代表作品。

无论是西方的史前洞穴壁画,还是东方的史前岩画,都出现了大量的有关"狩猎"的内容。在我国的青铜器、汉代画像石等出土文物里也发现了大量有关"狩猎"内容的艺术作品。而狩猎内容在敦煌莫高窟中也是常见的题材。敦煌莫高窟是佛教艺术宝库,佛教教义讲求"不杀生",而狩猎这种"杀生"的场景为什么会大量地出现在莫高窟壁画中?实际上这里是以动物代表世间众生,狩猎图正是通过壁画这样的视觉画面,规劝人们不要杀生。

二、壁画故事

《大般涅槃经》记载:"譬如群鹿怖畏猎师,既得免离,若得一跳,则喻一归,如是三跳,则喻三归。以三跳故,则受安乐。众生亦尔,怖畏四魔、恶猎师,故受三归依。"这段话说的就是佛教中生命的轮回。而作者正是把这段晦涩难懂的文字用"狩猎图"这样的图像直观地表达了出来。

在连绵的山峦与树林中,悠闲的野猪群正在四处觅食,嗅到危险而惊悸的黄羊与麋鹿正奋蹄飞奔而去,惊逃狂奔中的野牛边跑边回头伸颈嚎叫,仿佛是在看危险是否已经接近自己。画面正中的猎人骑着红马,扭身张弓,射杀白虎,画面上方三只麋鹿并排狂奔,一名猎人跨马疾驰,手举标枪,作投射状。天空中有长着翅膀的羽人(中国道教中长翅膀的飞仙)飞过,整幅画面动感、现场感十足。

图 2-6 《狩猎图》莫高窟第 249 窟(西魏) 赵俊荣 临摹

三、作品鉴赏

整体画面简约洗练,山石、树木线条质朴有力,墨法浓重,全画分上下两部分,上半部分为山石树木,下半部分为人物狩猎场景,布局严谨自然,没有繁密的细节,体现了西魏山水画简约隽永的风格。在莫高窟早期壁画中,凡画山水的,几乎都超脱了刻板的立体空间及光线阴影,它的画法笔笔灵虚,不滞于物,而又笔笔写实,为物传神。明朝的唐志契在《绘事微言》中写道："墨沈留川影，笔花传石神。"笔借物喻人，既不滞于物，笔乃留有余地，又抒写画家自己胸中浩荡之思、奇逸之趣。

其中，对于线的运用，质朴有力，在早期望画上所表现的是力与运动的结合。壁画中天人、飞马，黄羊、虎、奔牛等都充满了运动回旋的力量。野牛的生动形象、磅礴的笔力，正如顾恺之所谓的"有奔腾大势"。这些飞奔驰行的场景，都展现了运动中的力量。这正是南齐谢赫在他的《古画品录》中六法之一"气韵生动"的鲜明例证，也是中国美术史上的重要作品之一。

在色彩方面，动物身躯为鲜艳的红褐色，局部采用浅青、淡紫等颜色，色彩层次感强，与线条造型互补，表达了画面意境。画面有着明快的色调对比，人物肤色淡雅，衣饰颜色丰富多彩，同时山体和池水呈现出深沉的靛青，显得沉稳而舒缓。

在画面布局方面，此画山水布局严谨自然，没有繁密的细节，体现了西魏山水画简约隽永的风格。全画分上下两部分，上半部分为山石树木，下半部分为人物狩猎场景。人物、树木的布局形成了稳定的金字塔结构，突出主体。画中的山没有前后近远，树木一树发千枝，这种山被赋予各种不同颜色，被一层层地涂抹填彩。

此外，这种山形，单独地看来，是抽象的，当在画面中组合后，由于它的整体形状使观众得以理性地辨认，它又成为山峦的具象，不但有着山的质感和气势，而且还富有浓厚的韵味，这种形式不只有空灵的实相，引人精神飞越，进入美境，更是在于它能进一步吸引人"由美入真"，探寻生命的节奏。而这与创作环境有关：在沙漠中的莫高窟，每天都看到沙丘风光，那些小沙阜在风中移动与变化，总有异样之感，似乎是处于另一个世界。因此，在莫高窟的那些画工们手中，"法"确实被用活了，他们用传统的笔法，以实实在在的客观观察和心灵感受，创作了独具特色的敦煌山水，使这些作品获得了长久的艺术生命。

第四节　代表作品解析：《五百强盗成佛》莫高窟第 285 窟（西魏）

图 2-7　《五百强盗成佛》莫高窟第 285 窟（西魏）　赵俊荣　临摹

一、壁画背景

　　西魏时期，随着佛教在中国广泛传播，大量佛教题材出现在敦煌壁画中，《五百强盗成佛》正是这一时期常见的佛教故事画题材之一。《五百强盗成佛》位于莫高窟 285 窟，285 窟是一个非常特殊的洞窟，开凿于西魏大统年间，主室北壁发愿文中存有"西魏大统四年（538 年）、五年（539 年）"题记，是敦煌石窟中最早有确切开凿年代的洞窟。这个洞窟的壁画中出现了佛教、道教、印度教、婆罗门教以及希腊神话中的许多神祇形象，多种宗教观念共存一室却不违和，反而呈现出了一种精彩绝伦的气象，段文杰先生曾经将这个洞窟比喻为"东方的万神殿"。

二、壁画故事

　　这幅《五百强盗成佛》壁画是莫高窟最早的因缘故事画。古代印度有个侨萨罗国，国内有五百个强盗，他们到处杀人放火，抢劫作乱。地方的官员多次围剿都没能取得胜利，这反而导致强盗们施加更加猛烈的报复。往来的商旅游人和当地的老百姓深受其害，苦不堪言。国王知道后，派出了精兵良将，经过激烈的战斗，五百强盗最终战败，全部成为俘虏。由于强盗们之前作恶多端，所以国王决定对其处以酷刑。在刺瞎强盗们的双眼、割掉鼻子、耳朵后，将他们放逐到了荒无人迹的深山之中，以示惩罚。山中阴森恐怖，强盗痛苦不堪，凄惨的呼叫声传遍四野。佛陀怜悯他们，把雪山香药吹到强盗的双眼里，使他们眼睛复明，身体康复，释迦牟尼佛还亲自为强盗讲经说法，五百强盗听了佛的教诲后俯首悔过，隐居在荒无人烟、野兽出没的山林中潜心修行。在印度的传说中他们最终修成了正果，成为五百罗汉，体现了佛教"放下屠刀，立地成佛"的思想。

三、作品鉴赏

在长卷构图的画面布局上，以一座高高的城楼作为情节的间隔，其右侧是连绵的山峦，表示城外的荒山野林，被刺瞎双眼的众强盗在山中痛苦哀号，体现了崇高的苦难。但山野中的黄羊、小鹿却悠然漫步、吃草。以一片山峦间隔，表现佛为五百强盗施香药，使其复明的情景。此处山峦"咫尺西天"，突破了时空，把现实的一切都由"意念"主宰，这一座座山峦，都表现出空间的无限宽广，这种宽广、这种表现式样，作为艺术形象又以现实生活为依据，也符合人们的审美需要。

画面的主体为强盗们姿态各异地坐在佛陀说法的场景中，人物形象夸张传神，面部五官刻画细致，布置合理，层次分明。四周环绕着山水环境，五百名强盗与周边山水景观巧妙结合，传达出禅宗意境。山水画面布局平衡，山石、树木线条流畅顺滑，墨法润湿，山水气韵生动，展现出西魏山水画中的写意意境。画中的山水以简练的线条勾勒出山石、竹木、松树等景观要素,帮助烘托、描述佛教故事的人物场面。山水布置疏朗简洁,皴刻简练,富有质感,竹木枝叶略加点染。同时,人大于山,山水处理得当与人物场面和谐统一。

在色彩方面,画面以红褐为主要色调,局部采用绿松石色,色彩浓郁,与线条共同塑造形体。人物衣饰颜色丰富多彩,层次感强,肤色则较为淡雅。通过明暗对比和色彩的搭配变化,形成了节奏感强的色彩风格。该作品山水精致、人物生动,线描色彩和谐统一,充分展现西魏早期壁画的艺术风格。

在艺术处理上,这幅壁画以"不似之似"为立形准则,在一层层、一座座山的设色上,画师使用单体的色彩铺色,使画面清醒明快,富有了新的韵味。其更大的变化是思想领域的扩大,极大地发挥了人们的想象力,也随之产生了各种各样的新的表现形式与表现手法。既以客观现实生活为根据,而又要求超越现实,既要描写物体的外形,而又要求能表达人的感情,于是逐渐深入到了美学领域,在作品上不单追求形式美,而且要表达"意境",不断地创新,永远保持着自己的文化气质。

【思考题】

1. 敦煌早期山水壁画的特征有哪些?这些特征是如何形成的?

2. 结合历史背景、艺术风貌及鉴赏要点,评析本讲代表作品。

第三讲

敦煌早期人物壁画

【内容概要】

- 敦煌早期人物壁画的整体特征。
- 敦煌早期人物壁画代表作品的背景与故事。
- 敦煌早期人物壁画代表作品鉴赏。

第一节　敦煌早期人物壁画特征

一、犍陀罗风格

这一时期的敦煌莫高窟,无论是壁画还是塑像,人物的脸型、服饰都具有浓厚的犍陀罗风格。犍陀罗是古印度列国之一,大致位置在今天的巴基斯坦北部,印度河与喀布尔河交汇处的白沙瓦谷地。在佛教成立之初的几百年里,信徒们因为无法想象,同时也不敢想象怎样的形象才能表现佛陀的样貌,因而始终是没有具体的佛像的。直到公元前4世纪,随着马其顿国王亚历山大大帝的东征,希腊的文化与艺术风格传到了西亚、中亚与印度。在印度河西岸的犍陀罗地区,希腊人用给神创作雕塑的手法,塑造出了佛陀的形象,犍陀罗地区也由此成为佛教艺术的发源地,影响深远。而这种融合了希腊、罗马、波斯、印度,以及中亚草原地区不同艺术风格后出现的新的艺术风格,在美术史上被称为"犍陀罗艺术"。

犍陀罗艺术是东西方文明相交融的产物,其并不局限于其狭义上的地理边界,而是随着时间的推移迅速蔓延至许多区域,例如斯瓦特北部地区、印度河上游以及塔克西拉山谷等。^① 魏晋南北朝时期,"犍陀罗艺术"顺着丝绸之路传入我国,对我国的绘画、雕刻、建筑、工艺美术等各方面的创作都产生了深刻而深远的影响。佛陀造型相貌清朗,有着椭圆形的面容,眉目清秀、高鼻梁、山根深入目间,波浪形的头发在头顶盘成发髻,人物的上半身修长,身上披着希腊式质地轻薄的素色大袍,右肩袒露,衣褶从左肩下垂,具有希腊艺术中"人"的特色,但从人物面部肃穆、神秘的神态和表情中,又透出了神佛的精神,而这种异域情调呈现出了中国独有的风格。其绘画中对"线"的运用在这时期提升到了新的高度,勾线晕染,笔触奔放,用色浓重而热烈、爽朗明快,呈现出质朴与浪漫主义的意味。

二、秀骨清像

秀骨清像是南朝画家陆探微的绘画风格,指人物的面部形象棱角分明,比例适中,清秀俊美。与唐代的丰腴圆润的风格截然不同,秀骨清像是魏晋风度在实物上清晰的呈现,造像表情皆为淡然,眉眼线条表现柔和,充满温情,配饰细节处理精妙。此风格在北魏后期传入敦煌地区,以西魏第 285 窟画像最为典型。面相清瘦,眉目疏朗,嘴角上翘,嫣

---

① 丝路上的犍陀罗佛教建筑和艺术[EB/OL].光明网,[2019 – 05 – 07],https://m.gmw.cn/baijia/2019-05/07/32810477.html.

然含笑,超然出世,神情温韵,体态修长潇洒,俨然中南朝名士的风度神采。

唐代张彦远撰写的《历代名画记》记载:"陆公参灵酌妙,动与神会,笔迹劲利,如刀锥焉。秀骨清像,似觉生动。"这也是后来美术史上对六朝美学风骨的整体概括。主要流行在晋宋以清秀、瘦削为美的"秀骨清像"艺术风格,无论是从其外在形态还是内在意蕴进行考察,都具有与这一审美时尚不可分割的情节。"秀骨清像"有两种含义,一是绘画作品中人物面貌清秀俊美,二是通过人物外在形象折射出内在的气质和品性性格,也就是"相由心生"。

三、褒衣博带

褒衣博带,褒与博,形容宽大,着宽袍,系阔带,意思就是宽大的袍子和带子。战乱时期的魏晋文人自己对时代的不满以狂狷的形式发泄出来,着宽袍大袖,咆哮山林,以纾解郁闷,在他们夸张的服饰的引领下,以往礼制严谨的冠服制度不再流行,拘谨的套装形式逐渐被"褒衣博带"所替代。①

这一时期窟内的造像及壁画人物的身材体型更加修长,服饰也带有中原文人们时兴的"褒衣博带"的风格,同时相貌也变得清瘦,有着细眼睛、薄嘴唇,身体纤细而衣袍宽大,整个人物形象表现出南朝名士的气派,处处透出一股通透与洒脱。

四、面短而艳

面短而艳,"面短",即面型饱满,"艳"则指人物本身呈现的艳丽风情。这是南朝的大画家张僧繇所开创的风格,画史称之为"张家样",对

---

① "褒衣博带":魏晋南北朝时期穿衣的时尚标志[N].新京报,2023-07-07.

于后世绘画艺术起着继往开来的作用。北周时代,随着地方民族大融合和南北文化交流不断推进,两种不同的艺术风格从并存进而融合。在造型上,中原式的秀骨清像与西域式的丰圆脸型互相结合而产生了"面短而艳"的新形象。在晕染上,中原式染色法与西域式明暗法、天竺式凹凸法互相信合,圆圈晕染,鼻、眼、脸、腹部等均涂以白粉,以示高光,表现了人物圆浑的立体感。人物面容丰腴圆润,让人有亲近之感。

在人物精神面貌上,淳朴庄静与潇洒飘逸相结合而产生了温婉娴雅,富于内在生命力的新形象,整个雕塑和壁画使人感到更浓厚的社会生活气息,这就是北周时代艺术的新风貌。

"面短而艳"这种新的绘画风格出现之后,逐渐取代了陆探微"秀骨清像"的绘画风格,对于后世隋、唐两代艺术影响极大,可以说为唐朝雍容大度、丰满健康、蓬勃向上的人物造像艺术的登峰造极奠定了基础。

五、曹衣出水

"曹衣出水"是南北朝齐时的大画家曹仲达创造的一种在绘画中衣服褶纹的表现形式。

宋代郭若虚的《图画见闻志》中记载:"曹之笔,其体稠叠而衣服紧窄。故后辈称之曰:……曹衣出水……"从这段话中我们看出"曹衣出水"形容的是绘制人物衣服时以稠密的线来表现衣服褶纹层层叠叠,就像刚从水里面出来一样紧紧地贴在身上。这种绘画风格在美术史上被称为"曹家样"。

在敦煌壁画中,"曹衣出水"这种风格最早出现在北凉时期,但曹仲达却是北齐时期的人物,虽然相对晚了一百余年,但从绘画本身来说,这种人物造型的风格却是没有变化的。

一千多年过去了,陆探微、张僧繇、曹仲达这三位大画家当年被人们惊为神迹的作品已经隐没在了历史的长河中,只留下古书中模糊的文字。所幸是，今天的我们在敦煌莫高窟的壁画与塑像中，依然可以感受到这三位大家穿越时空而带来的神韵与风采。

六、高古游丝描的意味

"高古游丝描"是中国古代人物衣服褶纹的画法之一，因线条描法形似游丝，细劲有力，又称为"春蚕吐丝描"。这个词语最早出现在明代邹德中所著的《绘事指蒙》："高古游丝描，用十分尖毫，如曹衣纹。"清代画家迮朗所著的《绘事雕虫》记载："游丝描者，笔尖遒劲，宛如曹衣，最高古也。"在人物形象的绘制手法上采取了来自印度的、能表现画面明暗面的"凹凸"晕染法，相传南朝的大画家张僧繇在建康（今南京）一乘寺的大门上用这种画法画"凹凸花"，引起了极大的轰动，一时间观者如潮，一乘寺因此而改名为凹凸寺。据唐代许嵩编撰的《建康实录》记载："寺门遍画凹凸花，代称张僧繇手迹。其花乃天竺遗法，朱及青绿所成，远望眼晕如凹凸，就视即平，世咸异之。"而张僧繇的画法正是敦煌壁画北凉至北魏壁画中较为流行的西域式画法。

┌─ **拓展阅读** ─────────────────────────┐

魏晋南北朝绘画艺术和
人文历史的"人文自觉"关系探究[①]

导读：敦煌莫高窟是世界上现存规模最大、保存最完好的佛教艺术宝库，亦被称为"沙漠中的美术馆"和"墙壁上的博物馆"。包括敦煌壁画在内的各种艺术作品都完整记录着各个历史人文时期

└────────────────────────────────────┘

[①] 杨扬歌.魏晋南北朝绘画艺术和人文历史的"人文自觉"关系探究——以陆探微和竹林七贤图为例[J].东方收藏.2022(04)：51-53.

的艺术风貌的变化历程。陆探微"秀骨清像"的风格便是敦煌壁画这美学长卷中的一个印记，或者可以探讨此"人文自觉"与文化自觉、文化自信间的关联。

魏晋南北朝在我国历史上由于政权交替最为频繁、军阀割据、战乱动荡让人印象深刻。在其持续的几百年的时间里，杂糅、渗透了各种思想文化、民俗宗教，推动了绘画艺术的转折发展。此时期的文人墨客、卿相士大夫开始展开对精神世界更高层次的追求，从而推动了大批思想家和艺术家的诞生。

同时玄学和佛道兴盛，在绘画界的影响主要表现为书画家们自我意识的能动觉醒和文化自觉的趋向成熟。这个时代的书画艺术在"神形"和"人文"的领域进行着不断深入的探索，这也皆受到人文主义的自觉和批判理性的成熟两方面的影响。再者，东汉人物画更是走向历史巅峰，形神论审美开始进入人们的视野，对绘画艺术本质的探讨和"人的觉醒"与"文的自觉"的感性认知联系起来。而在此之前，总的来说缺乏自觉意义上的绘画艺术创作及艺术家。

宋齐陆探微作为《竹林七贤与荣启期》的作者，以其"秀骨清像"被称为"六朝三杰"之一，他在泼墨挥毫间体现出了魏晋时期文人志士的风骨和审美，其中融汇着玄学、人文和批判理性主义思潮，是那个时代对美学的最高追求境界——"穷理尽性、事绝言象"的集大成者。陆探微师从顾恺之，作为一个集画、才、痴三者于一体的士大夫画家，他的绘画艺术成就在绘画艺术史上达到了令人称绝的高度。"传神写照"的美学论在他的人物画实践上体现得尤为突出，在汉代"君形"说的基础上发展，明确开创了中国绘画重视人物内在精神刻画的先河。

　　陆探微的秀骨清像以三个特点闻名于世：其一为清瘦飘逸、洒脱超然的用笔画技；其二为以书代画、"入骨三分"；其三为构图巧妙、繁复艳丽。秀骨清像通常表现为身形修长柔弱、苗条纤细、肤白貌美、文弱秀气，以期反映人物超脱如仙的气质。画家以清淡病秀之姿、明隐入骨忘言之状，重视自然之美和人本之美，表现了对超脱之"道"的极致追求，亦是对现实乱世的逃避和生存之道。作为占据统治阶级地位的审美观念，这与当时的宗教玄学和历史人文背景是分割不开的。对于人物风采姿态的着重刻画，表达人物品格由经学造诣、道德品质到纯粹的精神追求和自由向往的人文自觉、重老庄的天命天道论，以达到"道"来追求至高的精神境界，人们崇尚心灵美、内在美和精神美，回归人自身的本质，这是一种以人为本的人文自觉。

图2-8　《竹林七贤与荣启期》砖画局部（刘伶像）

魏晋南北朝时期正是一个回归人本身的"人文自觉"的觉醒时期,"人"的主题和"文"的觉醒作为历史发展中事物的两面几乎同时发生。绘画艺术上的大师们,包括顾恺之、陆探微、张僧繇、宗炳、戴逵、曹仲达等,发展并传承了当时的艺术发展规律及以主导审美观为理论指导的"人文自觉"绘画艺术模式。著名的"绘画六法""骨法用笔""气韵生动""画形写神"等更是对中国历史文化艺术精神的奇绝的提炼概括,并不断推进绘画艺术语言的"自觉"发展趋势。这也是为人们所熟知的"艺术文人化"的概念。

第二节　代表作品解析:《萨埵太子舍身饲虎》第254窟(北魏)

一、壁画背景

北魏时期,佛教艺术极为繁荣,大量佛教故事作为壁画创作的内容。《萨埵太子舍身饲虎》吸收了民间故事素材,显示出佛教对壁画创作的影响。《萨埵太子舍身饲虎》位于莫高窟第254窟,该窟形成于北魏太和十一年(487年),画面以佛教本生故事为内容。

二、壁画故事

《萨埵太子舍身饲虎》是佛教艺术史上最著名的题材之一,同时也是本生故事中流传最广的,在许多新疆的石窟中都发现了《舍身饲虎》的内容,这个故事体现了佛教文化中"悲天悯人"的思想主旨。《法华经》中记载:"观三千大千世界乃至无有如芥子许非是菩萨舍身命处,为众生故,然后乃得成菩提道。"《金光明经》《贤愚经》等佛教经典中也均

图 2 - 9　《萨埵太子舍身饲虎》第 254 窟（北魏）

有《舍身饲虎》故事的记载。而敦煌莫高窟北魏时期 254 窟中的这幅壁
画，又是迄今为止发现的诸多《舍身饲虎》题材中最精彩、艺术水准最高
的一幅。

　　故事是这样的：传说中古印度有一个国家叫宝典国，国王有三个
儿子：大太子摩诃波罗、二太子摩诃提婆、三太子摩诃萨埵。有一天，
国王一家人一起到山中游玩。午饭过后，国王在原地休息，三位王子继
续去往风景更加秀美的山林深处。途中一个山坳，兄弟三人发现一只
母虎刚刚生下七只小虎，因为生产，母虎已经筋疲力尽伏地不起，而七
只小虎围着自己的母亲嗷嗷待哺，母虎和几只小虎都已经奄奄一息。
三位王子因为随身没有携带食物，只能无奈叹息离开了。三位王子已
无心继续游览美景，转头无语地向回走去。

在回去的路上,大王子摩诃波罗和二王子摩诃提婆说着刚刚看到场景,感叹生命的短暂和无常。三太子萨埵心痛难忍,决定要牺牲自己救活老虎。但是又怕二位哥哥反对,便说自己忘记了东西,要返回寻找,让哥哥们先走,他随后就来。在将二位兄长支走后,萨埵返回山坳,躺在母虎的嘴边。可是母虎已经连吃萨埵的力气都没有了。萨埵又爬上山崖,找来树木折断,用锋利的木条刺破自己的身体,让血流出来,然后跳到山崖下的母虎嘴边。母虎舐食了萨埵的血,恢复了力气,吃掉了萨埵身上的肉,只剩下一堆骨骸。二位哥哥等了很久也不见弟弟回来,赶快回去沿路寻找,只见母虎正在给小虎喂食,而母虎身边是弟弟的衣服和一堆白骨。他们知道是弟弟萨埵舍身饲虎,痛不欲生顿时号啕大哭,直至晕死过去。醒来后二人赶紧回宫禀告父王。与此同时,王后做了个梦,梦中三只鸽子在林中嬉戏,突然一只老鹰出现,叼走了最小的那只鸽子。王后从梦中惊醒,告诉国王梦中的事,就在这时,二位王子哭喊着回来了,告诉父母弟弟舍身饲虎的事。国王和王后强忍悲痛赶到山中,在萨埵饲虎的地方抱头痛哭。

此时的萨埵已经往升到了兜率天,看见自己的父母兄长因为自己的死而悲痛欲绝,心中不忍,于是飞升下来对父母说:"不要难过,人总是会死的,因为作恶而死,死后必然会堕入地狱,因为做善事,死后就可以去极乐世界。我因为救活了老虎,现在已经去往天界了。"国王和王后听了萨埵的话后逐渐止住了悲伤,把萨埵的遗骨小心掩埋并建立了一座七层宝塔,以示怀念。

三、作品鉴赏

在布局方面,"异时同图"结构是北时期壁画的新形式。254窟的《萨埵太子舍身饲虎》便是其中最杰出的一幅作品。这幅画的艺术构思突破了旧习惯,它把不同时间的情节组织在一个完整的画面上,为壁画的构图形式开辟了新的道路。画面的构图是从右上角到左下角的一条对角斜线和两个重点,一个在右下角,一个在左上角。右下角表现的是老虎吃场景,作者利用左上角上端多出的一小块,画了一座高出于画面的白塔。壁画的绘制者,把老虎吃人的场景安排在画面上最主要的部分,可见壁画作者并没有想掩饰老虎吃人的事实,同时作者还描绘了萨埵太子的家人看到骸骨时的痛苦表情,体现了"崇高的苦难"这一主题。

在画面的上半部,站着三个人,就是萨埵太子三兄弟,中间的就是萨埵。三兄弟看见了山崖下的老虎,故事就从这里开始。在画面的右上角,萨埵将自己的颈部刺出血来,跳下山崖,这动作在画面上是很突出的。右下角就是老虎在吃人,这是中间线右边画面上描绘的情节。在画面的左下角,两兄弟先发现了萨埵的遗物,又看到萨埵的头骨后,他们心情悲痛地收拾了弟弟的遗骨。左上角是埋葬了尸骨的白塔,围绕白塔飞翔的飞天,表示死者将转世成佛。这幅画打破了时空观念,画中没有时间与空间的阻隔,没有树石房屋的穿插,不同时间、不同地点、不同人物的活动巧妙完美地交织在一个画面上,这是一次大胆而成功的创造。画面中老虎形体最大,但不在画面最中部,这就突破了原先对称的构图。全图结构严密,穿插合理,繁而不乱,在统一的整体中又富于变化,使人一目了然的同时又显得高深莫测。构图上严密的组织性,将主题提升到一个很高的境界。

萨埵舍身饲虎,牺牲生命以铸造自己高尚的灵魂,以求在解脱忧悲苦恼成佛后"普济众生的仁慈"之心,包含着积极善良的能量。特别是就舍己救虎的牺牲精神这一点讲,萨埵是一个激励人心、应予肯定的正面人物,而宗教壁画中充满悲剧性的美学价值也正在于此,画家对此无不表达了颂扬之情。当萨埵投身崖下,被虎啖食之后,佛经里对此描写道:"血肉模糊,骨骸狼藉。"但这种残忍恐怖场面,在画面上并没有出现,画面上萨埵的尸体们仍然是完好的形体。

　　这幅画不画萨埵丧失生命时的极度痛苦,不画饿虎啖食时的残忍恐怖场面,是有原因的。儒家的中庸之道代表了孔子的主张——"乐而不淫,哀而不伤""丧致乎哀而止"。也就是说"哀"要适度,也就是后来董仲舒的"中和"之为美。中国古代绘画中没有出现因为过于表达"喜怒哀乐"而把人物形象歪曲到丑恶不堪入目的作品,这也反映了艺术家的审美心理和观众的欣赏习惯。

　　在色彩方面,岁月的流逝,给敦煌壁画带来了色彩上的变化,再加之这个洞窟在20世纪初,曾被沙俄士兵长时期居住生活,严重的烟熏使得给壁画色彩加重,反倒增添了肃穆、沉重、压抑的气氛,同时又蕴含着大无畏的牺牲精神,给予观者一种悲天悯人的巨大震撼力,有着强烈的表现主义效果。原来人物形体的肉红色变成了灰黑色,晕染色变成了粗壮的黑线条,原来并不明显的白眼和白鼻梁现在变得黑白分明。原来的造型刻画精细,色彩鲜明,线描流畅,神情静穆,精致优美的画风,变成了造型粗壮、色彩沉重、线描粗犷、形象怪诞、用笔狂放的画风。这样就使早期的壁画具有了双重性格,给人以两种完全不同的审美感受。如李泽厚先生所说:"今天,我们依然可以感受到那种带有刺激性的热烈迷狂的气氛和情调……活跃飘动的人兽形象、奔驰放肆的线条旋律、运动型的形体姿态……构成了北魏壁画的基本美学特征。"

　　这幅《萨埵太子舍身饲虎》,无论是从绘制水准还是精神内涵,都符合"谢赫六法"的全部六条标准,无疑是敦煌莫高窟最优秀的作品之一。从公元400年到公元472年,短短的72年间,敦煌经历了西凉、北凉、北魏三个政权的交替统治,从公元472年到公元495年,敦煌又经历了长达23年的抗击柔然的战争。连年的征战,让敦煌军民为了保护家园亲人无怨无悔赴死,同时对佛教宣扬的"今生来世"日渐认可,《萨埵太子舍身饲虎》壁画中表现出了那种自我牺牲的精神,这二者间就形成了强烈的意识上的认同与情感上的共鸣。谢赫六法中的"骨法用笔""应物象形""随类赋彩""经营位置""传移模写"这五条都是技术层面上的，要想达到最高也是最难的"气韵生动"的境界，则需要作者与观者同时产生"浓烈的情感共鸣"。

四、彰显莫高精神

大约1500年后的1943年，被誉为"敦煌守护神"的常书鸿先生，放弃了国外与大城市的优渥生活，选择来到大漠戈壁的敦煌，他用这幅蕴含着大无畏牺牲精神的《萨埵太子舍身饲虎》壁画勉励自己和随他一同来到敦煌的学生、同事们：选择了来敦煌，就是选择了牺牲，选择了无怨无悔。只有抱定舍身饲虎的决心，才能保护好敦煌。

从1943年到2025年，82年过去了，这种牺牲精神薪火相传，几代敦煌学者们筚路蓝缕，守望敦煌，用青春和生命铸成了"坚守大漠，甘于奉献，勇于担当，开拓进取"的"莫高精神"。79年来，一代又一代莫高窟人正是秉持着"莫高精神"，才让莫高窟这座沉睡了千年的宝藏重现辉煌，展示着丝绸之路的悠久历史和中华文明的博大内涵。

第三节　代表作品解析：《阿修罗王》第249窟（西魏）

一、壁画背景

西魏时期，佛教题材在敦煌壁画更趋盛行，《阿修罗王》反映了佛教对西魏时期敦煌壁画创作产生的深远影响。《阿修罗王》位于莫高窟第249窟，该窟建于西魏永安三年（530年）前后，画面展现了佛教阿修罗王的形象。

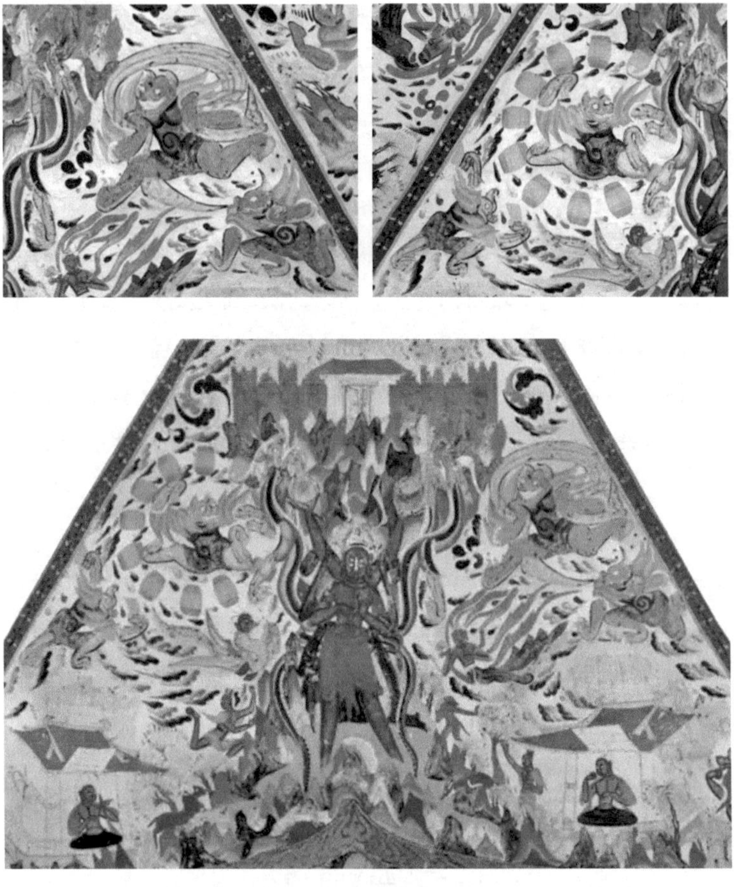

图 2－10 《阿修罗王》第 249 窟(西魏) 赵俊荣 临摹

这幅规模宏大的"阿修罗王"壁画,融合了佛教、道教、印度教的神祇形象,画面的上半部分画云气以示天,下半部分画山林野兽以表地,形成了一个具有天地神人共处的宇宙空间,呈现出了一个全新的、敦煌独有的神话世界。佛教要画这些题材,只能画本地群众所熟悉的形象。从这些实例中,我们能够了解到佛道与本土文化如何在敦煌石窟里结合与融汇的。

二、壁画故事

　　阿修罗是天龙八部之一，也是六道之一，是古印度神话中的恶神，因常与天神战斗，后世亦称战场为"修罗场"，佛教沿用其说。日（日天）、月（月天）、风、雨、雷、电这些被人格化的自然现象，在汉晋时期民间画工早已使它们的形象定型了。东汉王充在《论衡·雷虚篇》写道："图画之工，图雷之状，累累如连鼓之形。又图一人，若力士之容，谓之雷公。"又说："画仙人之形，为之作翼，如雷公与仙人同，宜复作翼。"

　　这幅作品的中间画有赤身的阿修罗王，据《杂譬喻经》记载："阿修罗身形长大，一切深水无过膝者，四大海水不能过膝，立大海中，身过须弥，手拒山顶，下观切利天。"画面中的阿修罗四目四臂，头顶青天，足立大海，手擎日月，双龙卫护，身后为须弥山，山后是切利天宫，雉堞嵬峨，是佛教所谓三十三天主帝释的居处。须弥山两侧画有乘坐着龙车的东王公和乘坐凤辇的西王母，有分别长有九头、十一头与十三头的"人首虎身"的三皇。有雷公、礔电、飞廉（背后有翼的风神）、雨师、朱雀、玄武、羽人、飞天、迦楼罗（金翅鸟），及乌获（兽头、人身、鸟爪、中国式的力士）等各种神仙。颇有雷电交加，风雨并至之势。大海两侧有仙人在宫殿里修行，有羽人奔波，有鹿和猕猴饮水觅食。

三、作品鉴赏

　　画面线条朴实古拙，简练有力，色彩明快，充分展现出西魏绘画的风格特征。阿修罗王身体肌肉线条饱满流畅，面部夸张。人物造型夸张，面部特征突出。线条流畅劲健，衣纹用线边框，线描法细致。同时，枯树形态传神，与阿修罗王形成了视觉对比。山石形态质朴简约。山石线条简练，墨迹浑厚，枯木皴擦明显，同时山水笔触线条质朴简约，布局平稳大气。在继承外来佛教艺术的基础上，融入了汉魏以来中国传统的神仙思想和表现技法,人物的造型、服饰在与印度、西域相结合后形成了一种新的风格式样,这表明佛教和佛教艺术正在不断中国化。

在整体布局方面,人物互动生动,布局合理紧凑。画面左侧站立阿修罗王,右侧为险峻山石,呈现左实右虚的构图。布局平衡稳定,突出主体。在色彩方面,主要以红、绿两色为主,色块面积大,其色彩明快,装饰性强,同时,阿修罗王肤色深沉,小鬼肤色淡雅,色彩对比强烈。

第四节 代表作品解析:《禅定佛》莫高窟第 259 窟(北魏)

一、塑像背景

《禅定佛》位于莫高窟第 259 窟,该窟形成于北魏太和十一年(487 年)(见图 2-11)。北魏时期,佛教艺术大盛,禅定佛成为莫高窟早期洞窟的常见题材之一。魏晋南北朝时,由于国家的分裂,佛教随之分为具有不同特点的南方佛教和北方佛教。北方战乱频繁,南方相对安稳富庶。佛教也由此出现了"南义北禅",即南方研习经文义理,北方则修行禅定。受大环境的影响,禅法在敦煌盛行一时,这也是莫高窟早期塑像中"禅定佛"的由来。

二、塑像故事

坐禅是佛教徒修炼的重要形式。《波若波罗密多心经》记载:"行深般若波罗蜜多时,照见五蕴皆空,度一切苦厄。"这里所谓的"行深"就是禅定,是指佛教徒通过打坐冥想,摒除思想中的杂念,观想特定对象而获得解悟的一种修行活动。佛陀塑像面部丰满圆润,身体略微前倾,面部轮廓柔和,[①]双眼略闭,身体表现出禅定状态。

---

① 柳湘宁.敦煌壁画人物绘画造型探微[J].美术,2005(10).

图 2-11 《禅定佛》第 259 窟(北魏)

　　一个真正的禅修者,当他坐禅达到一定境界时,会自然而然地由内心生出一种喜悦的感受,这种感受被称为"禅悦"。这尊坐佛像正是在表达进入禅悦的状态,佛的嘴角微微上翘,浮现出一种含蓄的发自内心的满足的微笑。

三、作品鉴赏

　　这尊禅定佛身着通肩式袈裟,结跏趺坐,造型严整,手法洗练。秀美的面相恬静安详,细腻圆润,含蓄的微笑表现出内心的宁静与喜悦,展现出一种超然美妙的境界。这种具有永恒魅力的微笑给作品注入了强大的生命力。

作品体现了画史上"曹衣出水"的手法——其通肩覆体的袈裟,阴刻衣纹流畅灵动,疏密适度,随身紧裹,宛如流水,给人以薄纱透体之感。整体上,线描柔美流畅,衣纹线条飘逸。[①]

塑造形象的最终目的是传神,即赋予艺术形象以生命或者灵魂。这尊佛像,对眉、目、嘴角生动的刻画,表现出极强的感染力,正如汉、魏陶俑所常有的、恬静的为东方氏族所常有的朴质而明朗的感情。这种神情奕奕,飘逸自得,纯净的内在情感,似乎褪尽人间烟火气的风度,达到了中国雕塑艺术的理想美的高峰。

第五节 代表作品解析:《降魔经变》莫高窟第 254 窟(北魏)

图 2-12 《降魔经变》莫高窟第 254 窟(北魏) 赵俊荣 临摹

① 马敏.敦煌壁画布局艺术探析[J].美术观察,2009,22(6).

一、壁画背景

北魏时期,佛教题材在敦煌壁画中大量出现,《降魔经变》反映了佛教思想对敦煌艺术产生的影响。《降魔经变》位于莫高窟第 254 窟,该窟形成于北魏太和十一年(487 年),画面反映佛教降魔经典故事。

在释迦牟尼的生涯中,释迦的"诞生、降魔、成道、涅槃"这四个主要事件被称为"四相"。降魔变也称为降魔成道,是佛传故事中最重要的主题之一。《增一阿含经》《过去现在因果经》《佛所行赞·破魔品》《大唐西试记》等均有记载,主要讲释迦在菩提树下禅定审谛思惟,以求解救世界的大道,即将成佛得道。天魔①波旬认为释迦成佛会威胁到他,遂率须魔女和魔军来袭扰,动以武力,诱以女色。这些所谓的"魔"其实就是现实中人的各种欲望、思想和行为。释边以智慧力,示"降魔相",击败波旬和魔军。这是敦煌最早的一幅降魔经变壁画。

二、壁画故事

作者以丰富的想象力和高度的艺术夸张,对魔军的丑陋狞恶进行了刻画。魔军兽头人身,赤眉绿眼,腹为头,乳为目,脐为口,或化为骷髅,口中吐火,奇形怪状,形成了美与丑的鲜明对比,人物虽多,却多而不乱。佛右侧拔剑者是魔王波旬,着盔甲,怒视释迦。身旁小儿为波旬之子,正从中劝阻。身后三个女儿,着龟兹装,戴宝冠,披大巾,身穿半袖外套褶子,腰束长裙,搔首弄姿,神情妖媚。在画面另一边,在佛陀的法力下,妖媚的三个美女已变为丑陋的三个老妇。

画面以展现式的形式表现,画面中央释迦牟尼在菩提树下结跏趺坐,左手执袈裟,右手重伸按地,泰然自若。魔军呼啸着来包围世尊,现

---

① 天魔:为爱欲及死亡之神迦摩天的其中一个形态。

出种种狰狞怪异的面貌，"猪鱼驴马头，驼牛兕虎形"①"狮子龙象首"，或"一身多头，或身放烟火"，或"长牙利爪，执戟持刀剑"，"或呼叫吼唤，恶声震天地"。他们向释尊投掷着漫天如云的武器，有的是整座的大山，有的从嘴里眼里射出毒物烈火。但结果却是魔军们"抱石不能举，举者不能下，飞矛戟利稍，疑虚而不下，雷阵雨大雹，化成五色花，恶龙虾毒，化成香气风""菩萨默状观，如看儿童戏"。

魔王见恐怖方法无效，便使他的女儿们去媚感释迦。面对美女的诱惑，"菩萨心怡然，不疑亦不怖"。② 以神通力使她们都变成了老态龙钟的丑陋的老妪。释迦不动声色，不起于座便降服了魔王。释迦以手指地，大地震动，群魔头脚颠倒，惨败的魔王跪地投降，臣服释尊，愿意悔过自新，跟随释迦牟尼修行。

"降魔成道"是释迦牟尼一生的转折点，从此释迦牟尼完成了从普通人到觉悟者——"佛"的转变。岁月的流逝，加之这个洞窟被严重烟熏过，整铺作品已呈灰暗色调，使壁画具有了双重性格。

三、作品鉴赏

画中的人物造型采用了来自西域的凹凸法，即明暗晕染，细腻柔和，增加了形象立体感。凹凸法晕染细腻柔和，色彩虽然由于年代久远而变得厚重，却更增添了一分肃杀之气。画面的提神线秀劲圆润，潇洒飘逸，是"气韵生动"的典范。但这传自西域的明暗法，也就是画史上所谓的天竺遗法传入敦煌后，又为之一变形成了多层次叠晕，由浅入深、色阶分明，这就形成了敦煌式的西域晕染法，但是中国人始终不愿描写光线及阴影，以免笔滞于物，而富有神韵的线条，强化了人物的神情，这

---

① 兕，si，四声。古时指一种青色的野牛，现也有把犀牛称为"兕"。
② 据《佛所行赞·破魔品》记载，魔王见威吓无效，便遣女儿前去诱惑释迦。面对女色诱惑，菩萨心无所动，不疑亦不怖。

是中华民族在历史上吸收和融合的典范。整幅作品气势宏大,主题鲜明。虽然是佛传故事,却极富现实主义色彩,折射出作者对现实世界中人们因为战乱而遭受苦难的悲悯。在色彩方面,以红、绿为主,色彩强烈视觉冲击力强,佛陀衣着色彩明快,魔王肤色深沉,色彩对比明显。

在画面布局方面,构图方式为中心对称,佛陀居中结跏趺坐,整幅画面线条秀劲,如行云流水,张力十足,对线的运用已经到达了炉火纯青的地步。画面左侧为降魔场景,右侧连绵险峻峰石,构图左实右虚,布局平衡,把曲折复杂的情节巧妙地组合在同一画面上,铺排有序,繁而不乱,主题鲜明。整幅画也成功地运用了结构上对比、均衡等形式美的原则,突出了庄重性。对不同的人物以大与小、静与动、美与丑,以及色彩冷暖的强对比来渲染画面的气氛和不同人物的气质与风貌,取得了美与丑一目了然的艺术效果,突出了惩恶扬善的作品主题。

【思考题】

1. 敦煌早期人物壁画的特征有哪些? 这些特征是如何形成的?

2. 结合历史背景、艺术风貌及鉴赏要点,评析本讲代表作品。

▶ 专题研讨

将敦煌故事更好地讲给世界听[①②③④]

被联合国教科文组织列入"世界文化遗产名录"的敦煌莫高窟是举

① 刘远富,冯朝晖,王征,等.弘扬莫高精神　坚守初心使命[EB/OL].国家文物局, [2019-08-29],http://www.ncha.gov.cn/art/2019/8/29/art_2376_162360.html.

② 刘舜欣.守护敦煌,腾讯这次交了一份浪漫的答案[EB/OL].文化产业评论, [2021-09-09], https://weibo.com/ttarticle/p/show?id=2309404679532845072545.

③ 任博.敦煌文化对外传播的实践与探索[EB/OL].甘肃省文化和旅游厅,[2022-01-21],https://www.gswbj.gov.cn/a/2022/01/21/12406.html.

④ 刘远富,冯朝晖,王征,等.弘扬莫高精神　坚守初心使命[EB/OL].国家文物局, [2019-08-29],http://www.ncha.gov.cn/art/2019/8/29/art_2376_162360.html.

世瞩目的文化艺术宝库,作为丝绸之路上的国际商贸中心,敦煌文化有着拥抱世界的美,是中华文明几千年不断融会贯通的典范。历经千年,敦煌文化生动诠释着中华民族兼容并蓄,博采众长,开拓进取的文化自信。季羡林先生曾说:"敦煌在中国,敦煌学在世界。"相信在不懈奋斗下,敦煌、敦煌学、敦煌文化一定能够以更加昂扬的姿态、饱满的精神、坚定的步伐,阔步走向世界。

一、身居荒漠,却具国际视野

改革开放以来,偏居西北一隅的敦煌研究院大胆外引内联,请进来,走出去,通过国内外合作,开阔视野,更新理念,增长才干,充实提高,走上了以科研为中心,以合作促发展的道路。从1979年开始,敦煌研究院与日本合作出版了《敦煌石窟》五卷本,开启了敦煌的国际合作之路,将敦煌过去积累的保护研究成果在国际合作的过程中呈现出来。随后,敦煌研究院的学者到日本去访问留学,日本学者也相继来到敦煌,形成了双向的交流。几十年来,来自日本、美国、英国、澳大利亚等国家和地区的文化遗产保护机构、高等院校、科研机构的专家学者,先后走进敦煌,他们不仅带来了设备和经费,更重要的是带来了先进的保护理念和技术,投入敦煌壁画的保护修复、文物病害防治、敦煌文化的研究与弘扬之中。20世纪80年代,敦煌研究院就以超前、开放的国际视野,打开"大门",主动提出合作保护的愿望,建立国际合作的平台。

二、歌舞剧与纪录片的展演

以敦煌为题材挖掘创作的舞剧《丝路花雨》《大梦敦煌》《敦煌乐舞》《敦煌韵》《敦煌神女》《敦煌音画》等敦煌艺术剧目,在国际舞台频频亮相,在国外主流社会产生了较大影响,在宣传甘肃、加强交流合作过程中发挥了重要作用。尤其是作为国家精品保留剧目的舞剧《丝路花雨》

《大梦敦煌》，配合国家外交活动和甘肃重大外事活动，多次赴美、法、德、日、韩等国进行演出，受到各国领导人和当地观众的热烈欢迎及高度评价，成为宣传敦煌的亮丽名片。《敦煌艺术大展》《敦煌艺术展》等敦煌精品展先后走出国门，相继在美国、英国、德国、法国、日本、意大利、俄罗斯、土耳其、以色列、乌兹别克斯坦、阿富汗、摩洛哥等国展出，国际影响超出预期。在意大利举办的"丝路明珠——敦煌石窟在威尼斯"展览更是反响强烈，意大利总统塞尔吉奥·马塔雷拉亲临现场参观。"绝色敦煌——文化时尚秀"在英国伦敦第15届世界华商大会上向海内外嘉宾尽展敦煌服饰艺术之美。"从波斯波利斯到敦煌""阿旃陀与敦煌""从巴米扬到敦煌"等丝绸之路文化艺术研究班吸引了众多境外学员参加。首部亚洲文明对话题材的大型纪录片《莫高窟与吴哥窟的对话》，荣获了2019年度优秀国产纪录片及创作人才扶持项目优秀长片。以敦煌壁画、塑像内容与形式为主题的艺术欣赏活动逐渐在海外兴起，敦煌文化对外传播在学术研究成果、影视作品、各类展览等方面已取得了不少成就。

三、国际性显学交流与合作

　　基于莫高窟价值多元化、国际化的禀赋，敦煌研究院与美国、日本、英国、法国、意大利、俄罗斯、印度、阿富汗、吉尔吉斯斯坦等国家的知名高校、博物馆、科研机构和著名学者长期保持友好关系，不断深化学术交流及文物保护合作。近年来，敦煌研究院先后选派400余人次赴世界各国开展文物保护、参访讲学、研讨研修、策展创意等交流活动，同时，引进国际访问学者、特聘研究员，搭建起立足敦煌、面向丝绸之路沿线文化遗产保护研究的国际化平台，让不同国家、不同文化背景的学者，共同来研究、解读博大精深的敦煌文化艺术，努力形成了各方力量共同参与敦煌文化研究，让外国人讲"敦煌故事"乃至"中国故事"的新格局。随着丝绸之路(敦煌)国际文化博览会的持续举办,先后成功举办了"敦煌论坛""世界文化遗产保护与旅游可持续发展国际论坛""麦积山国际雕塑论坛"等学术论坛和艺术展演60余场(次)。

四、依托"一带一路"文化发展

一千多年来,"丝绸之路"上的各国文化在敦煌汇聚交流,中华文化以其博大的胸襟造就了敦煌的辉煌。这些年,敦煌研究院不断推动国际交流,先后与美国、日本、英国、澳大利亚、法国等十多个国家和地区的30多家机构以及国内40多家科研院所、大专院校持续开展多种形式的交流与合作,全方位探索文化遗产的科学保护问题,培养了一大批壁画及土遗址保护专业人才;加强与"一带一路"共建国家人文交流和文化遗产保护合作,与吉尔吉斯斯坦和阿富汗等中亚国家达成合作意向,将敦煌研究院文化遗产保护成套技术向"一带一路"共建国家推广应用。这与以"和平合作、开放包容、互学互鉴、互利共赢"为核心的丝路精神有着内在的统一。

丝绸之路(敦煌)国际文化博览会是中国唯一一个以"一带一路"文化交流为主题的综合性国际博览会,是展示中国文化自信、共商"一带一路"建设的盛会,是提升甘肃对外影响力、展示开放新形象的盛会。敦煌市充分发挥文博会效应,先后举办了"琉光溢彩——平山郁夫丝绸之路美术馆藏古玻璃珍品展""敦行故远:故宫敦煌特展"、中国长城论坛等各类文化交流活动150余场次,为弘扬敦煌文化搭建起合作交流平台。特别是以"文化圣殿 人类敦煌"为主题的2021"东亚文化之都 敦煌活动年",采取线上线下相结合的方式,举办了中日韩敦煌文化交流成果展和"敦煌之韵"文艺演出、"潮起敦煌"主题文创展、"情系敦煌"书画展等20多项重点活动和百余场分项活动,多角度、多形式、多元素地展现了敦煌地域特点、文化特色和城市魅力。敦煌市将不断深入贯彻习近平总书记视察甘肃的重要讲话和指示精神,更加深入地挖掘敦煌文化的内涵和内在价值,探索敦煌文化的创造性转化、创新性发展,将敦煌故事更好地讲给全世界听。

五、综艺节目融合国际视角

中央广播电视总台央视综艺频道推出的大型服饰文化节目《衣尚中国》之"和合之美"从"国际视角"和"融合"两个关键词出发对"和合之美"进行了解读。生活在现代,我们很难想象古人是如何看待世界的,尤其是古代中国与古代罗马作为两大轴心文明,在地球的两端相隔甚远,只能通过想象慢慢拼凑彼此。而《衣尚中国》的"历史空间"却艺术化地呈现了"和合之美"的美好图景,表演嘉宾通过三幕戏剧《隔海相望的东西方帝国》《波斯锦》《和合圆舞曲》来描述东西方文化从隔海相望、互相欣赏到多元融合的过程,既包含了中国古代哲学的智慧,又充满了

图2-13　综艺节目《衣尚中国》中路易十四和康熙皇帝"同台"

对世界前途的思考。其中，在《和合圆舞曲》这幕中，主持人与路易十四和康熙皇帝一起翩翩起舞，东西方出于友谊和尊重，使东西方文化跨越了空间，互相融合，"和合之美"就像那优美的舞步，开始有了共同的节奏，艺术因交流而显得多元和灿烂。

▶ 导读与思考

　　文化交流与融合，是敦煌壁画最初且最重要的使命。敦煌壁画传承着华夏文明的文化记忆，彰显了中华民族兼容并蓄、博采众长、开拓进取的文化自信。在世界历史的发展进程中，各种文化从互不了解到互相融合，是一个漫长且精彩的过程，文化的交流和融合之中则孕育了千百种的美。和合，是中国传统化中的基本精神之一，是千百年来流淌在中国人血脉中的处世哲学。请思考，以敦煌文化为代表的中华优秀传统文化的全球化在新时代传播的形式与意义。

▶ 探索实践

中华优秀传统文化的全球化传播

　　1. 搜集关于敦煌艺术（或你身边的某个中华优秀传统文化）的三篇报道，比较其全球传播形式与效果。

　　2. 结合上一问题的答案，请为该传统文化策划三项全球化传播活动，并列出拟发布媒体，并解释预期达到的传播效果。

第三篇

敦煌中期壁画

"是时中国强盛,自安远门西尽唐境,凡万二千里,闾阎相望,桑麻翳野,天下称富庶者,无如陇右"。

——《资治通鉴》

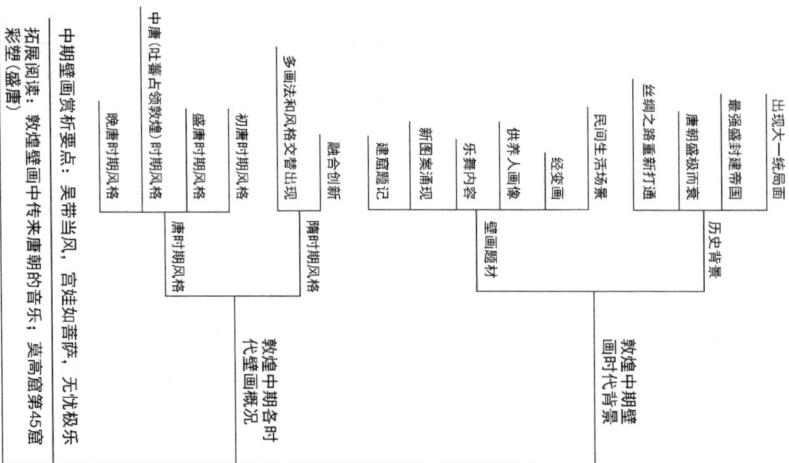

图 3-1 敦煌中期壁画概述

第四讲

敦煌中期壁画概述

【内容概要】

- 敦煌中期壁画的历史背景、艺术风貌、洞窟概况。

- 北凉、北魏、西魏时期的敦煌壁画艺术风格。

- 敦煌中期壁画的鉴赏要点。

第一节　敦煌中期壁画时代背景

莫高窟的艺术之花是生长在敦煌的沃土上的,起决定作用的是敦煌这座丝路重镇上汇聚的各方文明。源源不断地涌现出来的艺术作品,承载着敦煌艺术自身的深厚传统和艺术家的辛勤劳动。敦煌艺术凭借着自己鲜明的个性,在博大雄浑、丰富多彩的唐代获得了自己独特的成就。

一、历史背景

1. 出现大一统局面

公元 581 年,北周王朝的末代皇帝,静帝宇文阐将皇位禅让给了丞相杨坚,自此统治中国北方长达195年的"北朝"政权退出了历史舞台。公元589年隋军南下灭了陈朝,结束了自西晋末年以来中国长达近三百年的分裂局面,统一了中国,一个崭新的时代到来了。隋朝虽然只存在了短短的37年,却在政治、文化、经济、军事、外交等诸多方面为唐朝的全面繁荣奠定了基础。

2. 最强盛封建帝国

"唐承隋制",随着唐初李世民、武则天、李隆基等连续几代杰出君主的治理,唐朝的国力得到了长足的发展,从"贞观之治"到"开元盛世",唐朝进入了强盛顶峰时期,同时也成为中国历史上最强盛的封建帝国,"丝绸之路"也因此愈发地繁荣。敦煌作为唐王朝的西大门,也在此时迎来了自己历史上最辉煌的时代。

3. 唐朝盛极而衰

强大的唐王朝终究也逃不过"盛极而衰"的历史规律,公元755年(唐玄宗天宝十四年),"安史之乱"爆发了,驻守河西地区的精锐部队被调回中原平息叛乱,导致整个西北陇右地区防御空虚,而早已觊觎河西地区的吐蕃乘机大举东进,至公元776年(唐代宗大历十一年),吐蕃已经攻占了除敦煌之外的整个"河西走廊"地区。公元786年(唐德宗贞元二年)吐蕃攻占敦煌。至此,吐蕃开始了其在敦煌长达62年的统治。

4. 丝绸之路重新打通

公元848年(唐宣宗大中二年),敦煌本地豪强张议潮起义,一举光复了敦煌,并奉表归唐。唐王朝在敦煌置归义军,张议潮被封为归义军节度使兼十一州营田、处置、观察使。其后张议潮以敦煌为大本营,又经过二十年的苦战,于公元866年(唐懿宗咸通七年),在没有唐王朝任何实际支援的情况下,率领部队把吐蕃势力彻底逐出了河西和陇右地区。至此,自从公元764年(唐代宗广德二年)被切断的"丝绸之路"经过整整一百年的时间,被张议潮重新打通了,河西走廊在时隔百年后重归大唐版图。《敕河西节度兵部尚书张公德政之碑》记载:"西尽伊吾,东接灵武;得地四千余里,户口百万之家;六郡山河,宛然而旧。"河陇地区的光复,无疑是唐王朝最后的高光时刻。而这一时期的敦煌已然成为当时"丝绸之路"上最璀璨的那颗明珠。

二、洞窟现状

莫高窟中期的壁画是指从隋朝到唐朝期间的作品,这其中又分为隋、初唐、盛唐、中唐(吐蕃占领时期)、晚唐(归义军时期)五个时期,时间跨度从公元581年到公元907年,共326年。现存中期洞窟概况如表3-1所示。

表3-1　中期洞窟概况

时　　间	洞窟数量
隋(公元581—618年)	94
初唐(公元618—704年)	46
盛唐(公元705—781年)	97
中唐(公元781—848年)	55
晚唐(公元848—907年)	71
附:中唐(榆林窟)	3

三、壁画题材

(一)民间生活场景

隋唐时期,莫高窟出现了大量反映民间各个阶层日常生活场景和生活状态的壁画作品,如风俗类绘画和民间传说中的故事等,画面中出现了中原的民居宅院、西域的城堡杂技、歌舞、百戏、婚丧嫁娶、日常耕田劳作、商旅僧人出行等各类场景,以及当时人们家中的各种的家具、衣服、首饰、各类食物、水果、蔬菜等丰富多彩的内容,这些民间题材的壁画贴近普通人的生活,表现了他们的喜怒哀乐,而这种民间特色使隋唐时期的美术更贴近现实生活。

（二）经变画

经变画是用通过绘画图像来阐释某部佛经的思想内容的。简单来说就是依据佛经绘制的画。敦煌隋代洞窟开始出现以大乘佛教经典为内容的经变画,敦煌经变壁画内容丰富,形式多样,除了佛经内容外,大量的社会生活内容也出现在了画面之中。莫高窟有经变画 33 种,数量最多的是《东方药师经变》,还有《阿弥陀经变》（也称《西方净土变》）、《弥勒经变》《法华经变》《维摩诘经变》等等。许多经变画技巧高超,堪称艺术珍品。

佛画的绘制也从早期的本生画、故事画等叙事为主开始转变为以描绘净土经变中的"西方极乐世界"为主的空间描述,风格逐渐华丽细腻,内涵更为丰富。这标志着敦煌在佛教思想的演变上突破了北方佛教的局限,完成了佛教思想和艺术风格的统一。

（三）供养人画像

供养人,顾名思义,就是出资出力开凿石窟供养神佛的捐助者。段文杰先生在《敦煌学大辞典》中对供养人画像做出了这样的注释:"'供养人画像',即出资造窟的功德主和其家族的画像及出行图。"这些人为了追求来世能够有好的福报,同时也为了给后世显示自己和家族的名望,在其出资开凿的洞窟里画上自己和亲属、子女、侍从、仆役等人的画像,这些画像就被称作供养人画像。供养人像是敦煌壁画的重要内容之一。

供养人像最早都非常小，被画在洞窟四面墙壁下部无关紧要的地方。后来逐渐被画在了洞窟进门甬道的两侧，到了唐代之后形象越画越大，神态生动，繁华富丽，占据了甬道的醒目位置。其中盛唐时期第 130 窟晋昌太守乐庭瓌和他的夫人太原王氏礼佛图，主人的身高超过了真人，达到了 197 厘米，是莫高窟最大的供养人画像，同时也是盛唐时期人物画的代表作品。

到了晚唐时期，供养人画像进一步家族化和历史化，比如歌颂张议潮收复河西这一历史功绩的《张议潮统军出行图》及他的夫人的《宋国夫人出行图》，以长幅形式表现了场面宏大的人马队列场景，更是对当时贵族形象和日常生活的真实反映。

（四）乐舞内容

敦煌莫高窟中的壁画延绵千年，与中国古代音乐艺术的发展、成熟相始终。敦煌莫高窟经变画中的伎乐场面，几乎是唐代宫廷舞蹈的搬演，"巾舞""琵琶""腰鼓""胸鼓""儿童乐舞""胡旋舞""胡腾舞"等古文献中出现的古代音乐名词，都能在敦煌壁画中找到原型。敦煌壁画中出现了 44 种、共 4 500 件乐器图像、3 346 身乐伎图像以及 500 组乐队图像，这表明了敦煌壁画在乐器品种、数量、表演形式以及延续时间等方面，都具有极其重要的价值。这一时期的敦煌壁画乐舞壁画即可看到丰富多彩的乐舞形象。而其舞种之多样、舞姿之新颖、气魄之宏伟，更是空前的。

舞蹈是形象的艺术。在敦煌莫高窟绝大多数的洞窟中，几乎都有舞蹈形象。它们可分为人们臆想中的神佛世界的天乐舞和人间的世俗舞两大类，并随着时代的变迁而各异，引领我们去领略那些曾经辉煌一时的古代舞蹈风姿。古代宫廷的舞蹈分为文舞和武舞两种，文舞是一个国家文化的象征，文舞"文以昭德"，表示君王能以德服天下；武舞"武以象功"，表示国家武力的强盛。自周朝开始，由于经济文化的发展,音乐舞蹈就已经很发达了。到了南北朝时期,西域的乐舞通过丝绸之路大量传入中原,包括现在新疆各民族的乐舞以及中亚、西亚、印度等地的舞蹈。这些西域乐舞与中原的乐舞逐渐融合,彼此都不断地进行改变。到了唐代,更是集历代之大成,达到了前所未有的高峰。

隋唐时期,音乐根据旋律格式的不同,创立了新乐;舞蹈吸收了民间艺术因素,出现新舞;戏剧融汇杂技、歌舞、音乐于一体,形成了新的综合剧种。这种强烈的创新意识,是隋唐艺术的突出特点,促进了艺术创新的发展。其中,唐代宫廷设置了各种乐舞机构,如教坊、梨园、宜春院、太常寺等,其中的乐工、歌舞艺人多达数万人。士大夫阶层和豪富之家还有很多能歌善舞的官伎、舞伎。在集周、秦、汉之大成的基础上,唐朝吸收外来乐舞,广征博采,创作了大量舞蹈节目,《九、十部伎》《坐、立部伎》《健舞》《软舞》和崭露头角的歌舞戏。

唐代乐舞图多出现在大铺的经变画中。大铺经变画的主体是说法图,在说法图的下方有乐舞表演,称为礼佛乐队。礼佛乐队的规模及阵容均需要按照经变画的仪轨而定。敦煌莫高窟现存有礼佛乐队的唐代壁画洞窟共 46 个、经变乐舞 101 组、乐器 44 种。乐舞图的形制类似今日的舞台,中间为舞伎表演,两侧为礼佛乐队。礼佛乐队最早见于隋代,进入初唐后,出现了人数众多、乐器配置齐全的大型礼佛乐队。弦乐、吹奏乐、鼓乐兼有,各有主次,演奏状态逼真且具体。其中一些细微的演奏技法、面部表情都被描绘得惟妙惟肖,从中可以看出当时社会真实的音乐生活画面。

(五)新图案涌现

隋代的画师善于融合外来的心机,使图案纹饰新颖,结构严谨,线描潇洒,色彩绚烂,在绘画方式上采用了勾线刷色,线条流畅,并开始出现大面积的朱砂填色,烘托出浓烈神圣的佛国氛围。唐时期的壁画整体画面花团锦簇,富丽堂皇,宏伟壮丽,反映了大唐盛世歌舞升平的繁荣景象,也表现了当时人们头脑中理想世界的样子。

初唐时期,佛龛内的背光和头光多采用火焰纹彩塑装饰;到了中唐时期,这些背光和头光的装饰图案演变为以吉祥植物纹样为主,如忍冬纹、卷草纹、宝相花纹等,呈现出连续的组合形式。到了晚唐时期,出现了一种类似彩色水波纹一样的背光,称为"水波纹形",用石绿、朱砂、石青三种颜色,绘制成对称或放射状的波浪曲线,使虚幻的佛背光更加产生一种神秘的效果。

盛唐时期是唐玄宗开元、天宝年间,这一时期处于唐王朝的鼎盛时期,无论是壁画,还是彩塑都进入了莫高窟的极盛时期,由于净土思想与涅槃学说的盛行,开凿了以涅槃为题材的大型洞窟。这一时期出现了包括纹饰类型在内的很多新图案,极大地丰富了莫高窟艺术的种类。主要的纹饰有莲荷纹、忍冬纹、云气纹、联珠纹等。各种姿态的飞天和吉祥花纹将整个佛龛和窟顶藻井修饰得富丽而耀眼。佛龛的佛背光出现了"火光熊熊"的效果,多层次的火焰纹由龛内翻卷至龛外,给人以视觉的冲击。

（六）建窟题记

莫高窟在有唐代近三个世纪的时间里开凿的洞窟,保留至今的有 289 个,不少洞窟都有建窟年代的题记榜文,比如开凿于贞观十六年(公元 642 年)的第 220 窟,开凿于大中五年(公元 851 年)的第 17 窟藏经洞,开凿于咸通六年(公元 865 年)的第 156 窟、开凿于天复三年(公元 903 年)的第 192 窟等,这也是唐代洞窟的一个特色。

唐代在政治、经济、文化都堪称中国历史上最强盛的时代,莫高窟也在此时走向了全盛时期。莫高窟现存唐代洞窟 289 个,几乎是全部现存洞窟的二分之一,里面富丽堂皇、宏伟壮丽的壁画和彩塑给千年后的我们展示了大唐全盛时期浪漫华丽的样子。

---- 拓展阅读 ----

敦煌壁画中传来唐朝的音乐①

导读：唐朝乐舞的绚烂辉煌在敦煌留下了形式多样的文化符号。敦煌乐谱中记载的中国文化蕴含的音韵与思维，是后人开启对于大唐盛世文化想象的重要依据。阅读此案例，让我们共同来寻找并讨论生活中的唐朝文化印记。

对于唐朝音乐的"本真性"的探讨基于确凿的历史乐谱，也就是我们已经熟知的敦煌琵琶谱。敦煌琵琶谱的称谓是由于其与藏于敦煌莫高窟的经卷有关。1908年法国人伯希和从敦煌莫高窟藏经洞中带走了大量经卷，之后被发现，其中三卷，即《长兴四年中兴殿应圣节讲经文》《尔雅》和《佛本行集经尤波离品次》的背面一共抄录了25首乐曲，这些经卷现均收藏于法国国家图书馆。

这批发现于敦煌的乐曲由一组二十余个汉字符号构成的记谱方式书写，经研究确定其为琵琶音位谱。由于其记写与宋代的俗字谱，以及日后的工尺谱相似，因此学界对其曾有各种称谓。法国国家图书馆原卷目录名为"曲子工尺谱"，王重民称之为《敦煌曲子词集》，任二北名为《敦煌曲初探》（亦称之为"工尺谱"），之后杨荫浏在其《中国古代音乐史稿》中称之为"敦煌唐人乐谱"，并认为这种乐谱属于工尺谱的体系。宋人称这种工尺谱为"燕乐半字谱"，是当时教坊中通用的一种记谱符号，林谦三则作为琵琶谱来研究。②由于这批以琵琶音位谱字记写的音乐都有曲名，通常人们也称其

---

① 洛秦.唐朝传来的音乐"的历史本真性与文化想象——《大唐余韵——吴蛮演绎敦煌琵琶谱》的历史音乐人类学叙说[J].中央音乐学院学报,2024(02)：3-19.
② 陈应时.敦煌乐谱解译辨证[M].上海：上海音乐学院出版社,2005：2.

为敦煌乐谱。

音乐表演的古乐复兴运动也与乐器的"本真性"问题相关。西域传入的短颈琉特琴"乌德"转换身份为中国琵琶的历程。"琵琶"一词在中国历史上指三种乐器，即秦琵琶(亦称秦汉子)、五弦直项琵琶和四弦曲项琵琶。敦煌琵琶谱中所使用的乐器为"四弦曲项琵琶"，其与欧洲的琉特琴和中东的乌德琴①(阿拉伯语为 ūd，发音为[ʕuː])被认为是由中亚短颈琉特琴派生而来，它们的前身就是波斯时期的巴尔巴特琴(barbat)。与此同时，琵琶由丝绸之路传入中国，在盛唐期间成为唐乐演奏中的重要乐器。前来学习的遣唐使将唐朝歌舞带回日本，包括大量乐谱和乐器。如今日本正仓院中保存着两件珍贵的四弦曲项琵琶，一件是螺钿紫檀五弦琵琶，一件是螺钿紫檀阮咸，②它们也是至今我们所见仅存的唐朝琵琶真品。因此，对于唐朝的琵琶结构本身及其演奏方式而言，基于史实条件的认知是其历史"本真性"的核心。

第二节　敦煌中期各时代壁画概况

一、隋时期风格

隋文帝杨坚非常推崇佛教，政治上的统一促进了南北方文化的交流。在"破斥南北，禅义均弘"的形势下，南传佛教与北方佛教得以融合统一，同时大量修建佛寺绘制壁画，佛教艺术得到了空前发展。隋代虽

---

① 现代版的中东乌德琴被称为"Oud"。
② 阮咸乐器亦称秦琵琶。

然只有短短的 37 年,却在莫高窟留下了 94 个洞窟,是目前隋代佛教艺术遗存最多的地方。此时在汉晋文化的基础上大量吸取外来文化精粹,无论是表现形式还是创作技法上都创造出了新的艺术风格,敦煌艺术开始走向成熟。

（一）融合创新

隋代统一南北,壁画内容和艺术形式也逐渐趋于一致,西域风格与中原风格逐渐融合,形成统一的新的民族风格。这时期壁画从内容上来说是壁画题材大转变的时期,故事画日渐减少,经变画正在增多,但规模还不大,也未形成固定形式。"始变古则今,赋彩制形,皆创新意",构成了一幅幅新颖的画面。

（二）多画法和风格交替出现

隋代绘画方法也随着内容的创新而出现了数种技法交替时期,这一时期的用色也随之出现了变化,比如用于起稿的土红色线条,除了定型之外,还增加了壁画的色彩感。在晕染方面,西域式的明暗法与中原式染色法进一步融合,使人物面部的红润色泽与阴阳明暗结合得更为自然和谐。人物造型也开始变得写实,面相丰润,比例适度。穿衣风格上身多着僧衣,下身着锦裙,波斯风格的花纹金碧辉煌。

二、唐时期风格

唐代石窟分为初、盛、中、晚四个时期。因为敦煌特殊的地理位置,所以初唐时期和盛唐时期是唐朝中央控制时期（唐高祖武德元年至唐德宗建中二年,公元 618—公元 781 年）,中唐时期为吐蕃占领时期（唐德宗建中二年至唐宣宗大中二年,公元 781 公元—848 年）晚唐时期为张议潮统治时期（唐宣宗大中二年至唐末,公元 848—907 年）。

唐代在政治、经济、文化方面都堪称中国历史上最强盛的时代,所以唐代也是敦煌莫高窟造窟最多的时代和艺术的全盛时期,莫高窟现存唐代洞窟 289 个,几乎是全部现存洞窟的二分之一,这一时期的莫高窟无论是壁画还是彩塑,都从南北朝时期苦涩沉重的面貌逐渐变得丰满华丽起来。这一时期的壁画内容丰富,叙事场景宏大,色彩瑰丽,彩塑造型精湛,两者均达到了极高的艺术水平。洞窟内可以说是富丽堂皇,生活在"西方净土世界"里的人们,有着东土大唐社会的欢愉,充满了人间趣味,给千年后的我们展示了浪漫、全盛时期大唐的样子。

（一）初唐时期风格

初唐时期的敦煌壁画风格,承接了隋末艺术风格的成熟,并逐步融入了唐代特有的审美特色,呈现出一个过渡性的发展阶段。从隋末艺术的严肃庄重到初唐时期的生动与写实,敦煌壁画在人物表现与色彩运用上发生了重要变化。这一阶段敦煌莫高窟的建设得到了前所未有的推动,壁画的数量和质量都在这一时期达到高峰。

1. 高度写实的表现手法

由于武则天信仰佛教,所以莫高窟在这一时期开窟最多,壁画题材丰富,构图宏伟,人物的刻画也很突出,无论是佛陀、菩萨、飞天,还是舞乐伎、化生童子、供养人像都极为精彩传神。沙洲此时也受敕令创建大云寺,现在莫高窟的标志性建筑九层楼所在的第 96 窟,被称为"北大像"的弥勒塑像就是此时期的作品。这一时期的雕塑为了表现佛、菩萨、弟子、天王、力士的"庄严实相",都是以高度写实的手法制作的,力求表现人的容貌和形体美,所以显得魅力十足。

2. 呈现盛大歌舞场面

初唐的石窟分武德（618—626）、贞观（627—649）、高宗及武则天（650—704）三期,现存 46 个洞窟。武德时期因为连接东西方的交通尚未畅通,所以石窟形制与绘塑制作方面仍沿袭了隋末的风格。但在贞观年以后,通往西域的道路彻底被打通,各方面的交流变得畅通无阻,莫高窟艺术因此在很短时间内突飞猛进,进入一个新时期,尤其是有明确时间开窟时间的建于贞观十六年(公元642年)的第220窟,这个洞窟里的《阿弥陀经变》(西方净土变)、《七佛药师经变》和《维摩诘经变》等蕴含净土思想的壁画的出现,几乎和中原地区是同步的,壁画中所呈现出的盛大歌舞场面和精巧的建筑物,使整个洞窟形成一个"净土世界"。尤其是位于洞窟东壁下方的《帝王听法图》,画面中皇帝和随从的王公大臣们无论是从构图、画风,还是艺术水准都与当时的大画家阎立本流传下来的《历代帝王图》基本相同。可以看出这个洞窟的壁画绘制者是来自中原地区的高手。

根据唐代《李怀让重修莫高窟碑》的记载,当时的莫高窟"目极远山,前流长河,波映重阁,风鸣树道"。可以想象出,当人们历经千辛万苦穿越茫茫戈壁沙漠,眼前突然出现这样宏大规模的建筑群,那会是何种震撼的场景?

(二)盛唐时期风格

这一时期唐王朝处于鼎盛时期,也是一个充满艺术热情的时代,无论是壁画还是彩塑都进入了莫高窟的全盛时期。唐代洞窟一般都分为两部分,有前后室。另外在室外还修建有木构建筑,《陇西李家先代碑记》记载了当时莫高窟的恢宏与华丽:"上下云蠹,构以飞阁,南北霞连。"只可惜岁月悠悠,唐时的木构建筑今已无存了。

这一时期的莫高窟艺术风格也可分为三期:第一期从神龙元年至太极元年(712),包括中宗李显、睿宗李旦统治时期所开凿的洞窟;第二期从开元元年(713)至天宝十四载(755),包括玄宗李隆基统治的四十余年所开凿的洞窟,这一时期凿窟最多;第三期从至德元年(756)至建中二年。

1. 色彩绚丽

由于净土思想与涅槃学说的盛行,莫高窟开凿了涅槃大窟,壁画与彩塑完美结合,整个洞窟极为精彩。这个时期的塑像与早期塑像追求沉思静穆的神性相反,在佛、菩萨造像上追求生动的人性,塑像和画像均趋于写实,菩萨面貌比例适度、面相丰腴,体态健美,庄严沉静,显得亲切温柔,慈善近人。此时的装饰图案也是敦煌图案中最为精美的,无论是佛光、藻井,还是服饰都是色彩绚丽、灿烂夺目。飞天飘带长曳、遨游自在,确有"天衣飞扬,满壁风动"之感。壁画上佛国世界所表现的山水、人物、城郭、宫殿、乐舞等等都是对现实生活的真实写照。

2. 供养人像地位显著

这一时期出现了置于显著地位、真实描绘的大幅等身的供养人像,甚至超过现实中真人的身高,比如第 130 窟晋昌太守乐庭瓌和都督夫人太原王氏礼佛图,就是这一时期供养人像的代表。盛唐时期的艺术达到了繁华富丽、金碧辉煌的顶峰,为那个时期的文化保留了较为完整的面貌。

(三)中唐(吐蕃占领敦煌)时期风格

吐蕃占领敦煌的特殊历史背景下,虽然佛教活动未受到完全摧毁,但社会政治和文化的变化对壁画艺术产生了深远影响。这个时期的壁画风格相较于初唐和盛唐时期的华丽与生动,呈现出一定的风格转变和创新的尝试,进而形成了独特的艺术风貌。

1. 经变画汇于一窟

中唐(吐蕃占领敦煌时期),自建中二年(公元 781 年)至大中二年(公元 848 年)六十多年中,建窟 55 个,窟型仍袭承唐制,为覆斗顶殿堂窟,大量的经变画汇于一窟,经变下排列屏风画,描绘经变故事,使内容更为丰富。这个时期的塑像大多已经看不到了,但第 158 窟的释迦涅槃像,也就是人们俗称的"卧佛",则是莫高窟现存两千余尊塑像中最漂亮的作品之一,洞窟的形制、塑像、壁画三者浑然一体,是中唐时期的代表作品,精彩绝伦。

2. 丰富的多民族特色

敦煌自古是多民族聚居地,同时又是连接东西方交通的枢纽,因而它的文化遗存呈现出了异常丰富的多民族特色,是汉、鲜卑、回鹘、党项、蒙古族等民族共同创造出来的。先后治理过敦煌的不同民族,常在政治与宗教相结合的条件下,发展出了一些不同的艺术样式,这就为我们今天探索某些少数民族的古代遗产,提供了佐证和素材。

天宝年间,吐蕃王朝乘唐王朝因"安史之乱"而无暇西顾之时占领河西诸郡,孤城敦煌在苦苦坚守了 11 年后"粮械皆竭",因为外无救援,内无粮草,公元 786 年(唐德宗贞元二年)守城将领以"毋徙它境,请以城降"为条件与吐蕃议和,接受吐蕃的统治,因此,原本的汉民仍聚居原地,没有遭到遣散分割,加上吐蕃本身也崇尚佛教,所以此时敦煌艺术仍旧延续了唐代以来的传统。

3. 出现鲜明的时代标志

吐蕃时期的壁画出现了密宗内容和吐蕃赞普的形象,具有鲜明的时代标志。在艺术方面也有了新的发展,吐蕃时期的彩塑也承袭了唐代前期的风格和传统,菩萨像面相丰腴,亭亭玉立,逐渐摆脱了印度笈多王朝造像体态呈"S"形扭曲的影响,而在典雅含蓄的动态中表现出了自然和谐的美,揭示出人物内心的活动,塑像的彩绘也不像前期塑像那样金碧辉煌,变得淡雅起来。这一时期壁画和彩塑的结合显示出了极高的水平,不仅规模大,而且刻画细腻,达到了完美统一。

4. 向世俗化乡土化转变

不足的是盛唐时期的雄宏气势在此时逐渐变得工整、纤巧,赋彩也变得简单起来,在对人物性格和精神的刻画上也远不及盛唐时期。这一时期出现了"开集聚市、婚丧嫁娶、耕田读书"等反映世俗生活的场景,给后世留下了十分珍贵的形象化资料。中唐艺术就其总体来说,向世俗化、乡土化方面更迈进了一步。

（四）晚唐时期风格

随着政治局势的变化,尤其是张议潮的起义和地区的相对安定,敦煌艺术的一个过渡性阶段。尽管唐朝政治逐渐衰退,但在张议潮的领导下,敦煌及其周边地区恢复了部分社会安定与经济繁荣。晚唐时期的敦煌壁画艺术逐渐回归世俗,呈现出明显的多元性和社会生活元素,反映了当时社会政治环境的变化。

1. 显密杂陈

张议潮率众起义,收复河西,维护了国家的统一,同时恢复了中西交通,发展农业生产,逐步恢复了唐代前期的繁荣局面。这个时期的敦煌艺术显密杂陈,交织着中原影响、吐蕃风格和敦煌色彩,壁画内容虽然还是以佛教显宗为主,但吐蕃人所崇信的密宗图像仍占据着一定地位,具有浓厚的政治色彩和民族意识。

2. 世俗性

这一时期同时出现了一些具有世俗性的恢宏巨制,比如《张议潮统军出行图》和《宋国河内郡夫人出行图》,这两幅作品是反映现实生活的珍贵的历史人物画卷。由于中原佛教宗派林立,所以敦煌石窟的经变画也逐渐增多,并日趋变得程式化。但同时也出现了许多富有生活气息的画面,线描也从前期的气势磅礴变得精细柔丽,画风开始温和淳厚,淡雅平和,赋彩也开始变得朴实温润,使观者看着十分舒服。晚唐时期的莫高窟艺术,虽不像前期那样辉煌灿烂,但由于它同现实生活的关联十分密切,值得我们去做深入的研究。

第三节　中期壁画赏析要点

一、吴带当风

"吴带当风"的"吴"是指被尊称为"画圣"的唐代大画家吴道子的绘

画风格。宋郭若虚在《图画见闻志·论曹吴体法》中写道："吴之笔,其势圆转,而衣服飘举。"

吴道子是唐代公认的第一大画家,他画的人物衣褶飘举,线条遒劲生动,笔势流畅,潇洒自然。就如一阵风吹来,画中人物的衣带袍服也随风摇曳一般。用两个词形容那就是"天衣飞扬""满壁风动"。人们赞美吴道子高超的画技与飘逸的用笔,将他的这种绘画风格称为"吴带当风",吴带当风在敦煌泛指唐代的壁画风格。

二、宫娃如菩萨

敦煌中期最具艺术美感,让人印象最深刻的无疑是菩萨像。唐代有"宫娃如菩萨"的说法。初唐时期的高僧道宣法师说:"造像梵像,宋齐间皆唇厚鼻隆,目长颐丰,挺然丈夫相。自唐以来,笔工皆端严柔弱似妓女之貌,故今人称宫娃如菩萨。"韦庄在《陪金陵府相中堂夜宴》一诗中写道:"满耳笙歌满眼花,满楼珠翠胜吴娃。因知海上神仙窟,只似人间高贵家。"说明唐代的佛教艺术中的菩萨形象,是画家塑匠们把现实生活中的女子形象经过艺术加工,绘入宗教题材的画作和彩塑之中。菩萨的脸庞圆润饱满,眉毛优雅自然,曲眉丰颈,五官秀美,嘴唇饱满,和真人的比例几乎一致,其表情更是生动恬静。把当时"以胖为美"的审美标准完美地表达了出来。梁思成先生也说过:"唐代佛像不似前期之高洁,日常生活情形,已渐渐侵入宗教观念之中,亦与俗世发生较密切之接触。"这个时期敦煌艺术人物造型丰腴健美,衣饰华丽,高度体现了新的民族风格。从另一个侧面也可说明佛教艺术的世俗来源,在风格上已经完全中国本土化与世俗化了,与宫廷、社会中上层,与身边的各色人物相差无几。

三、无忧极乐

进入唐代,佛教思想有了很大变化,早期的那种忍辱苦修牺牲、累世修行才能成佛的思想已经被抛弃,人们普遍追求当世成佛,甚至出现了口念阿弥陀佛,七日即可进入"极乐世界"的新思想。因此这一时期的巨型经变画构图宏伟,结构丰满,富丽堂皇。画面中人物举止潇洒,刻画细腻,神态悠然,无论是菩萨、飞天,还是供养人像,都力求表现形体美和极乐净土世界里的无忧与欢乐。

—— 拓展阅读 ——

莫高窟第45窟彩塑(盛唐)

导读:唐代前期的彩塑,在隋代三十余年间努力探索的基础上进入了新的历史阶段:首先,全部塑像已都是圆雕,浮雕已很少见到,在形式上超越了影塑、浮雕、圆雕三者互相配合的阶段。其次,在艺术技巧上有了重大的发展,写实手法大大超提高,进入了人物内心刻画的新时期。在盛唐时期,创作敦煌彩塑的雕塑匠师已经对表面华丽、精致、神态冰冷的偶像感到不满意了,雕塑匠师们在

图3-2　彩塑　莫高窟第45窟(盛唐)

完美形式中想要表达更多的可以令人思索的内在东西,他们要把"神"塑成人人承认的形象,这里包含着理解、信任、可以依赖的感情。45窟的彩塑每身像各具不同的身份、动态、神情和外貌各异,互相呼应,融为一体。让我们通过学习这一组彩塑群像,领略唐代雕塑艺术的高超造诣。

整铺的群像是唐代彩塑的主要形式,有说法相和涅槃相两种。说法相以佛为中心,由近至远,按身份等级侍列成对的弟子、菩萨、天王、力士及胡跪的供养菩萨。一铺像少则七身,多则十余身。龛内壁画往往作为塑像的补充,例如阿难、迦叶身后画有八位高僧合为十大弟子,弟子之外又画有菩萨、诸天等,组成圣众行列,扩大了窟内的空间,构成了全窟的重心。主尊佛像的坐式,一般为结跏趺坐或善跏坐。中国式的方领大袍代替了早期"曹衣出水"式的天竺袈裟。原来风流潇洒、儒雅清高的名士风度,已变成雍容华贵、庄严肃穆的神圣气概。在弟子塑像方面,庄重练达的老迦叶与聪敏睿智的小阿难,性格的对比更加鲜明,弟子像各有风姿,表现出塑工的卓越技艺,其中第45窟和第328窟的弟子像更是杰出的作品。

菩萨塑像可分为两类。一类是出现于唐初,多少还保留着隋末的余风,体态修长,亭亭玉立,璎珞严身,长裙覆脚,神情庄静。另一类菩萨面相丰腴,长眉入鬓,肌肤洁白如玉,身姿婀娜,体态呈"S"形扭曲,神情温婉而妩媚,有如贵夫人的仪态,这一类都是盛唐的作品,第45窟的两身菩萨是突出的典型。正龛南北的天王塑像,或可认为是南方琉璃天王和北方毗沙门天王。有西域式的形象——高鼻大眼、八字胡、顶盔掼甲的天王。也有来自中原的形象——攥拳怒目,头顶束髻,身穿光彩耀目的金甲,气势威猛。被天王踏在脚下的恶鬼,往往变形巧妙,粗犷有力。

阿难塑像在莫高窟现保存有五十余身,只有到了盛唐才出现了像这样性格描绘的阿难,把"侍者""多闻第一"的阿难的娇嫩气质与忠厚、腼腆、羞涩等种种特征做了深刻的探索和充分的表达。阿难头部微俯,脸上露出未经多少世事的微笑,神情憨厚,有情有欲,显然是一个有血有肉的青年僧人。再看与阿难相对的迦叶,塑像强调了他的颧骨与嘴唇,微带讥讽的嘴角,显示出雄辩的口才,在丰满的头颅下眉头紧蹙,显示出成熟的思考,挺直的鼻梁表现出一种令人凛然生畏的权威气派。在造神者与信仰者心中神圣的菩萨、女性的温柔是他们悲悯众生的特性,他亭亭玉立,微笑倾斜的头部,似乎在轻轻招呼龛下的祈祷者,顾盼之间向人间投以无限深情,他美丽温柔的外貌、慈悲怜悯的心胸和广阔的济世情怀,千百年来吸引着无数的膜拜者。此外,天王与力士是"佛国武装",也就是唐代战将的神化与美化。他们身着锁子甲,螭首护肩,脚着乌靴,镇踏着地神,或扬眉怒目,或叱咤风云,他们没有被夸张地认为是令人可畏的恶神,而是使人感到威武中见忠直,雄强中见善良,使这些人们所敬奉的天龙八部、释梵四王具有一定的审美内涵。

【思考题】

1. 敦煌中期壁画具有哪些特征?思考各时期的艺术风貌是如何形成的?

2. 敦煌中期壁画特征与早期有何区别?并思考其原因。

3. 结合第五讲与第六讲的鉴赏作品,举例分析敦煌中期壁画的赏析要点。

第五讲

敦煌中期山水壁画

【内容概要】

- 了解敦煌中期山水壁画的特征与风格。
- 了解敦煌中期山水壁画代表作品的历史背景。
- 运用相关方法进行作品鉴赏。

第一节　敦煌中期山水壁画特征

中国的山水画兴起于魏晋时期,由于当时的画家以绘制佛像为主,所以一直到隋朝统一之后,山水画才迎来了发展,出现了以大画家展子虔为代表的山水画名家高手,此时的山水画已经摆脱了魏晋时期"人大于山,水不容泛"的固有形式,画面中人物与山水的大小比例也逐渐协调,绘画技法上也日趋成熟,色彩以青绿色为主,以赭石色为辅,给观者一种"金碧辉煌"的感觉。

到了唐代,山水画发展愈发成熟,涌现出如李思训、李昭道、吴道子、王维等擅长绘制山水画的大画家。而李思训、李昭道父子的画面设色,在石青和石绿两种主色调的基础上加入泥金,这样的画风在美术史上被称为"金碧山水",对后来中国山水画的发展产生了巨大而深远的影响。

唐代中国与西域诸国的贸易往来频繁,位于丝绸之路主干道上的敦煌,经济文化高度繁荣,已成为一个佛教文化的中心,僧侣、商人和各种职业人群往来于长安和敦煌之间,首都有什么,敦煌就有什么,甚至从西域传来的各种时兴玩意儿和潮流样式,在敦煌流行开来的时间比长安还要早。所以说敦煌的艺术潮流可以说几乎和中原地区是同步的、无差别的。由于当时的山水画多绘于寺院壁画中,而中原地区隋唐时期的寺庙现在已经无处寻觅,所以敦煌石窟中保存的这些绚丽多姿的山水画,可以系统地向我们展示出这段时间中国山水画发展的风貌。

在唐代洞窟中,我们可以看到山水画尽管没有取得独立的地位,但是画家们往往是以宏大的山水场景作为经变画的背景进行布局和绘制的,出现了以青绿重色为主、风格华丽明快的全景式"青绿山水"画。中唐以后,由于水墨画的技法传到了敦煌,壁画中的山水画面的变现手法更加丰富,已经成为壁画中不可缺少的一部分。

一、题材更广泛

(一)山水画兴起

隋朝时期,由于隋文帝杨坚信奉佛教,所以他当了皇帝后佛教进入极盛阶段,全国各地大规模修建寺庙佛殿。山水画是作为宫廷楼台建筑之初,绘制建筑地形图时的宫苑绘图而出现的。初唐时期属于描绘宫观楼台场景内的山水树石,再到展现现实世界中三百里沿途风景的山水长卷,山水画的题材从纯山水风景、人物、花鸟、山石、树木等元素逐渐加强,以壁画中大量出现的山水树木作为背景,并在画面中占的比重越来越大。画面内容更加丰富,画幅也逐渐从附属变得独立起来。

虽然青绿山水画的出现最初是由于受到异域佛教美术的影响,但是经过中国艺术家的发展和创造,呈现出了中国人自己的美学味道。

（二）技法更精湛

隋朝展子虔开创了青绿山水画的风格画法,也就是从这时候起,山水画逐渐发展成为一个独立的画种。进入唐代后,莫高窟壁画中的山水图像在技法上越来越成熟,对林木山石的刻画细致入微,笔法简括流畅,简笔勾勒轮廓,虚实相生,线条笔墨看似简约,实则富有力度,同时却又含蓄内敛,生动流畅却又呈现出简朴浑厚的质感。

（三）构图大气,注重远近实虚

隋唐时期的山水画在空间的处理上注重远近实虚关系的表现,在构图上追求大气平和,通过疏朗的景物布置,表现出清新的气韵,对这种气韵的处理使整个画面充满生机与活力。在现代摄影术出现之前的时候,人们用绘画的形式,把宗教信仰和现实生活中场景相结合,产生的美好的愿望,通过绘画的形式描绘在壁画之中,这种对真实景观的强调,体现出了极强的现实主义精神。同时对自然景观的理想化渲染,又呈现出浪漫主义和世俗性。

二、散点透视

西方绘画讲究"透视法",简单说就是用线条和色彩在平面上展现立体空间的方法。而中国传统绘画在这方面被称为"远近法",王维有一段表述中国古人的透视经验的话:"丈山尺树,寸马分人。远人无目,远树无枝。远山无石,隐隐如眉。远水无波,高于云齐。"通过不同的表现手法,展现出"近大远小"的基本规律。例如在莫高窟第220窟的《西方净土变》中,整个西方极乐世界的场景表现以中轴线为中心,左右对称构图,两侧的建筑等景物以斜线与中轴线相连,大大加强了画面的纵深感和真实感,仿佛把观者放在画面中的任意地方,都可以随时走动而不受限制,因为整个场景是活动的。敦煌学家段文杰先生认为:"西方绘画用焦点透视法来表现空间感,而中国绘画一直沿用的是散点透视法。这种鸟瞰式透视,展现了焦点透视所无法表现的辽阔境界,这是东方绘画,特别是中国绘画的一大特点。"

三、意境深远

山水画追求意境的提升,简括中见精神。比如第323窟有一幅壁画《石佛浮江》,画面的远景中人物画得非常小,看不清面目,画面中部的一群人站在江边向着远处的石佛像做着礼拜,人物比远景中的更大一点。画面近景中的人们迎接石佛的到来,人物画得大而具体,对人物的面部表情都有了细致的刻画。类似这样通过画面中人物形象大小和江水的虚实变化,表现出画面场景由远及近的画面感,山、水、人的比例十分协调,表现出高远幽静的意境,充满着东方美学意味。

第二节　代表作品解析:《张骞出使西域》莫高窟第323窟(初唐)

一、壁画背景

这座洞窟建于初唐时期,是以佛教在中国传播历史为题材的洞窟。《张骞出使西域图》就是佛教史迹画的一部分。自魏晋以来,佛教徒为了传播佛教,将张骞出使西域、霍去病获得匈奴人"祭天金人"的历史事件进行了重新编撰修改。撰写《魏书》的魏收生活在佛教兴盛的北齐,显然接受了佛教信众改编后的说法。所以,《魏书·释老志》中记载:"汉武元狩中,遣霍去病讨匈奴……获其金人,帝以为大神,列于甘泉

图3-3 《张骞出使西域》莫高窟第323窟(初唐) 赵俊荣 临摹

宫。金人率长丈余,不祭祀,但烧香礼拜而已。此则佛道流通之渐也。乃开西域,遣张骞使大夏还,传其旁身毒国,一名天竺。始闻有浮屠之教。"这幅壁画就是根据此记载绘制的。

二、壁画故事

这幅壁画共有三个场面,在右上角处,在一座名叫"甘泉宫"的宫殿内,一位帝王带着群臣向两尊佛像做着礼拜的画面,旁边的榜题文字是这样写的:"汉武帝将其部众讨匈奴,并获得二金,长丈余,列之于甘泉宫。帝为大神,常行拜谒时。"

画面的下部是画面的主体部分,即汉武帝送别张骞的场景。汉武帝骑马相送,侍者高举华盖,身后众大臣相随,马前跪者为张骞,持笏板作拜别状，身后侍者持旌节，牵马跟随。画中的榜书写着："前汉中宗即获金人莫知名号乃使博望候张骞往西域大夏国问名号时。"此处榜书中错将"汉武帝刘彻"写成了汉中宗刘询。左上角是张骞带着两位持旌节的侍从，沿山间小路向一座城池进发。城内有一座佛塔，城门口站着两名僧人，僧人旁的榜题写着"大夏时"。这个画面表现了张骞最后到了大夏国，见到了佛塔，知道了金人实际上就是佛陀。

这幅壁画绘制的初唐时期的壁画从内容上来讲是存在历史错位的。当时佛教和道教相争，因此佛教信众借张骞出使西域这个历史事件，不但把佛教传入中国的时间推前了二百多年的时间，而且将佛教沿丝绸之路自西向东，逐步传入中国的真实历史改编成了——"中国的帝王派重臣出使西域，将佛教主动引进中国"。此图内容虽然是附会演绎之说，但张骞出使西域的历史功绩却是真实的，作者通过虚实结合的方法，用图像记录了佛教文化在中国传播的历史，这也是中国唯一一幅反映张骞出使西域的图画，所以这幅壁画仍不失为一幅珍贵的历史人物画，同时也是一件十分生动出色的美术作品。

三、作品鉴赏

在这幅壁画中，作者如实地描绘记录了历史现实人物，整幅画用底色来衬托画面，显得画面对比强烈，把不同颜色、不同性格的线条与不同形状组成的色块相结合，冷色和暖色有机统一，呈现出灵动、沧桑之美，强烈的色彩对比使整个画面更具历史的厚重感。

人物神态举动真实自然，马的造型健壮，线条洗练，赋色简单而明快。画面中有动，有静，有真实，也有虚构，把相同的人物、不同的时间、不同的事件、不同的空间统一在了一个共同的画面之中，有透视，但又不受透视的束缚，处处富有变化，从而显得生机勃勃。这说明此时我国的绘画已经掌握了成熟的透视法则。与同时期人的美术作品进行横向比较,这幅壁画是难得的表现自然美的作品。

山水画作为故事的背景,有着完整的布局和细腻的刻画,人物与山水结合得完美自然。"行人远去,重山叠岭,乘骑半隐,如见艰辛"。这幅壁画意境深远,画意盎然,令观者有咫尺千里江山无限之感,整幅画面山峦重叠,境地宽远,令人看来辽阔无垠而生出心旷神怡之感,人与景的比例协调,突破了"其画山水"的独立审美意义,又摆脱了"人大于山"的固有形式,这种用山重水复、天远路遥的空间距离来表现数百年间的时间距离,是一个了不起的创造。

┌─── 拓展阅读 ───

邮轮与敦煌的跨界 IP 融合①②③

导读: 当敦煌搭载"爱达·魔都号"航行在"海上丝绸之路"上,共同讲述着中国文化的故事,这是首艘大型国产邮轮 IP 与敦煌 IP 跨界融合的一次探索,也打造出了又一张国家文化名片。而其中,莫高窟中期的艺术元素与 IP 形象是非常具有代表性的,比如有着吉祥寓意的飞天、张骞凿空之旅,亦是广大群众最为亲近最为耳熟能详的题材内容。结合此文,寻找并思考身边的敦煌元素。

---

① "爱达·魔都号"商业首航举办"敦煌系列"大讲堂,国产大型邮轮架起文化桥梁[EB/OL].浦东观察.上观,[2024-01-05],https://web.shobserver.com/sgh/detail? id=1227108.
② "爱达·魔都号"顺利完成首航并开启常态化运营——国产大邮轮驶向大海[EB/OL].人民日报海外版.新华网,[2024-01-17],http://www.news.cn/fortune/20240117/5bee298a8a4c43f1931f43b9789c0587/c.html.
③ 崔霞,吴天白.樊锦诗担任首艘国产大型邮轮启航大使 16 幅敦煌壁画亮相邮轮[EB/OL].央视新闻,[2023-12-23],https://news.cctv.com/2023/12/23/ARTIe57joiqvAMETxgQ4UEqK231223.shtml.

2023年12月23日，首艘国产大型邮轮"爱达·魔都号"开始了首次试运营。按照造船业习俗，每艘船都会邀请一位女性来担任船的启航大使，邮轮也不例外，在11月4日邮轮交付时，首艘国产大型邮轮就邀请到了现任敦煌研究院名誉院长——樊锦诗担任启航大使。2024年元旦，国产首艘大型邮轮"爱达·魔都号"驶离上海吴淞口国际邮轮港，开启商业首航。首航第二天，由敦煌研究院专家带来的"敦煌系列"大讲堂在魔都号开讲，为船上游客们带来了一场别开生面的"海上文化之旅"。"这是敦煌莫高窟第45窟，里面的天王、菩萨、弟子，每一尊塑像的雕刻手法各不相同。古代工匠通过精湛的艺术手法，把一个个鲜活的形象展现在我们面前"。当"爱达·魔都号"正在海上航行之时，邮轮上的星灿俱乐部座无虚席。

"丝绸之路真正的开通，就在于张骞出使西域。当年，张骞告别了汉武帝，一路往西域去探索……每次站在这个壁画前的时候，我都觉得非常感动"，讲解员动情地说。"大家看到邮轮五层餐厅里，有各种各样的调料，其中，很多是张骞西域'凿空之旅'后带回来的种子，从那之后它们才为中国人所种植"。

国产首艘大型邮轮"爱达·魔都号"与敦煌文化渊源颇深。在建造之初，爱达邮轮公司就从敦煌壁画艺术中采撷灵感，以"丝绸之路"为主题，选取中式美学的敦煌飞天及天女散花作为船体涂装，将经典的颜色与灵动的线条融为一体，整艘邮轮犹如"身披飞天彩带"，在敦煌的"飞天神话"中，丝带不只是起到装饰的作用，更重要的是对飞天的主体起到保护作用，这也体现了运营团队深厚的文化底蕴，希望通过这种经典符号来表达对"飞天彩带保驾，邮轮平安远航"的朴实希冀。

第三节　代表作品解析：《化城喻品》
第 217 窟（盛唐）

图 3-4　《化城喻品》第 217 窟（盛唐）　赵俊荣 临摹

一、壁画背景

　　这个洞窟是盛唐时期的代表洞窟，壁画是 8 世纪时动人心弦之作。唐代的大画家李思训被后世称为"青绿山水画的始祖"，《宣和画谱》记载其"画皆超绝，尤工山石林泉，笔格遒劲，得湍濑潺湲，烟霞缥缈难写之状"。但是他的真迹并没有流传至今，这幅取材自《法华经变》的《化城喻品》的绘制时间，与李思训处于同时期，而且其画面完整，色彩如新，所以这幅青绿山水作品在绘画史上占有相当高的地位。

二、壁画故事

《法华经》是佛教大乘经典，其中包含了二十八"品"（"品"的意思就是篇，或者章）。每"品"都有其特定的主题和内容。《化城喻品》是这部佛教经典的第七品，莫高窟画有多幅《化城喻品》，而开凿于盛唐时期的第217窟的《化城喻品》是其中最有代表性、也是最为经典的一幅作品，更是一幅盛唐时期优秀的山水画作品。

这幅壁画讲了这样一个故事：一群人去远方寻找宝藏，路途遥远且艰辛。一行人在历经很多困难之后，还是没有找到宝藏。就在大家已经疲惫不堪，甚至产生放弃念头的时候，一行人中有一位最有智慧的"导师"，他为大家幻化出一座繁华的城池，城中亭台楼阁，市井繁华，吃穿用度一应俱全。大家非常开心，被城中舒适的生活环境所吸引，生出了停止前进的念头，只想享受城中安逸的生活。这位"导师"见状，又运用法力将城池化去，告诉众人这座城池只是寻宝路上一个暂时的休息场所，不能因为路途"迥绝多毒兽，又复无水草"而畏难欲退，也不能因为一点安逸而就此满足，短暂休息之后继续坚持下去，才能最终找到宝藏。最后，大家追随导师继续前进，终于找到了"宝藏"。

作者在这幅壁画中，以丰富的想象力，生动地描述了暮春三月间，在一片生机勃勃的景象中，"导师"如何引导信徒摆脱对俗世的留恋，走向艰难而漫长的"解脱"之路，强调了修行过程中达成阶段性目标和适度休息的重要性，是一幅非常具有说教意义的作品。

三、作品鉴赏

画家没有按照《法华经》原著经文内容所描绘的——"险难恶道，旷绝无人无人怖畏之处"，把路途描绘得险恶荒凉，而是以丰富的想象力和高超的绘画技艺，开创性地用青山绿水画的表现形式，给观者展现了一幅"游春图"式的优美画卷。

画中河流环绕着重叠耸峙的山峦,贯穿整个画面,近处浪急河宽,浪花点点,流水潺湲,柳荫路曲,花开烂漫;远处涓涓细流蜿蜒曲折,山峦叠翠,树木丰茂,危崖耸峙,瀑布飞泻,真是远山含笑,春水绿波映小桥。山间的路上有一仆二主。仆人牵着马,二主乘骑,穿游其间。他们悠然自得的表情形态像是出门旅行访亲。路途中三次停歇,一次像是向人问路,两次像是礼拜圣迹。一座西域样式风格的城池矗立在画面中间的一片青山绿水之中,最后在仆人的引导下,三人进入城池。丝毫没有佛经中所说的"旷远""险恶""复无水草"的感觉,就是对日常出游的、田园诗歌般场景的真实描绘。这是作者对自然景色、山水树石的趣味欣赏和美的观念已在走向画面的独立表现,或有了自己的性格,不再只是作为人事的背景、环境而已了"。①

这是一幅出色的山水人物画,也是一幅优美的大青绿山水画,作者把雄伟与细微结合起来,把峰峦山路、远山河流、人物城池这些要素完美地统一到同一个山重水复的大自然景观中,人物形象生动,山峦厚重,线色结合,分层赋染,把单纯的线条和色彩运用到一个神奇的意境。这说明艺术家在绘制这幅作品的时候是在有意识地从美的角度来创作一幅山水画作品,在他的心中,通往成功的路上会不断有"化城"来激励和诱惑我们,而这座幻化出来的城市,就是我们在生活中获得的或大或小的成就,有人会从此斗志消散,享受现状,而有人会在短暂休息之后继续前行,最终取得更大的成就,获得"人生宝藏"。而是勃勃生机的背景,就是激励人们,不要畏惧,达成人生目标的奋斗的过程自始至终都是充满着希望的。这幅壁画的作者用自己非凡的创造力绘制的作品,在穿越一千四百年和后世的观者们心灵相通,确实是一幅伟大优秀的作品。

---

① 李泽厚.美的历程[M].北京:生活·读书·新知三联书店,2017:151.

───── 拓展阅读 ─────

文旅 IP 授权模式探析[①]

导读：IP 授权对于文旅产业的意义尤为重要，不仅有助于提升地方文旅的影响力、传播力，亦能融合相关产品与产业，获得营收。通过敦煌博物馆的案例我们可以了解在文旅 IP 授权中的探索历程、常见问题、模式归纳以及文旅 IP 分工化数字化跨界化的发展趋势。可结合身边的文旅 IP 进行思考。

文旅 IP 是目的地区域在空间、媒介为人所叙述、交互而生成的集价值观、形象、故事、多元演绎和商业变现等于一体的无形资产，[②]可以开发博物馆数字馆藏[③]、图书馆文创[④]等 IP 产品，促进乡村[⑤]、艺术[⑥]、目的地[⑦]等产业与文化的融合发展。博物馆 IP 是指依托海量馆藏文化资源，为传播和文化效益所专门创造的产权体系概念，是授权市场的重要内容，成为重要的博物馆新业态。[⑧] IP

① 杨雪琴，努尔古丽·阿不都苏力，黄俊又.文旅 IP 授权的模式分析——以敦煌博物馆为例[J].中国商论,2024(12)：93-96.
② 白晓睛，向勇.空间与媒介维度下文旅 IP 的体验置景研究[J].福建论坛(人文社会科学版),2022(6)：39-46.
③ 胡盈.文化价值视域下博物馆数字藏品开发探究[J].东南文化,2023(3)：185-190.
④ 纪理想，陈铭，赵馨平.文旅融合背景下公共图书馆文创产品 IP 构建研究[J].图书馆工作与研究,2023(3)：105-112.
⑤ 陈凤娣.文化 IP 赋能乡村产业融合发展的内在逻辑与路径思考[J].福建论坛(人文社会科学版),2022(5)：29-38.
⑥ 刘中华，焦基鹏.文旅融合背景下海派传统工艺美术 IP 资源开发策略研究[J].浙江大学学报(人文社会科学版),2022,52(1)：126-135.
⑦ 傅才武，程玉梅.“文化长江”超级 IP 的文化旅游建构逻辑：基于长江国家文化公园的视角[J].福建论坛(人文社会科学版),2022(8)：13-25.
⑧ 李凤亮，古珍晶.我国博物馆文化新业态的产业特征与发展趋势[J].山东大学学报(哲学社会科学版),2022(1)：96-106.

经济揭示了"博物馆文化创意"创作过程①的最终目的,即通过商品化、空间化、数字化模式授权IP价值,反映了博物馆文化新业态向符号化、虚拟化发展的商业演变,正成为产权与博物馆研究的热点之一。2019年5月,国家文物局印发了《博物馆馆藏资源著作权、商标权和品牌授权操作指引》,规范和支持产业发展。但在实际过程中,授权活动所涉及的定价、营销、监管、信息差及IP定位等问题仍对缺乏经验的博物馆施加压力明显,还需要产研以更多视角深入研究。

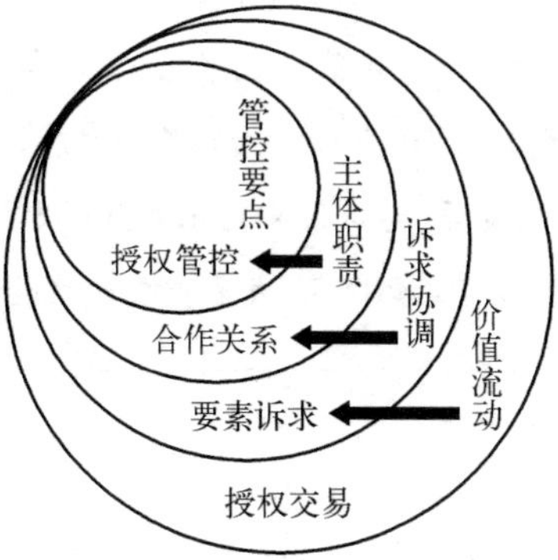

图3-5 授权分析深入过程

从授权交易本身出发,结合近年来迅速孕育且备受争议的"敦煌博物馆IP"案例分析,当前敦煌系IP主要存在的监管乏力、多头开发、产权归属等问题,而这些是地方文旅IP授权需跨过的重要关隘,博物馆、研究院等同属公共单位,容易导致厚此薄彼。因此,

---

① 刘辉,朱晓云,李峰,等."文旅融合下博物馆文创的探索与实践"学人笔谈[J].东南文化,2021(6):135-149+190-192.

还需主管部门主动作为，引导成立工作小组、行业协会等平台，促进交流互动和共同发展。

敦煌博物馆表现出授权分工化、馆藏数字化、合作跨界化等情况，反映了当前 IP 授权的发展趋势，特别是博物馆数字空间的探索对于未来"元宇宙"概念的定义具有一定开拓性，从博物馆授权到文旅 IP 授权也将伴随授权市场的不断发展而产出更多有知名度和内容感的优质 IP，推动文旅 IP 的授权市场范围不断扩大和向纵深方向发展。

表 3-2　敦煌博物馆授权情况

授权主体	授权介体/二级授权主体	授权客体	典型产品	主要合作方向
敦煌博物馆	甘肃丝路手信文化传播有限公司	阿里鱼一鲸物（数字藏品平台）	"敦煌飞天"系列	数字藏品
		红纺文化（IP商业公司）	……	IP 商业化、出海
		……	……	消费品为主的各类品牌授权
	杭州鲜活万物品牌管理有限公司	支付宝鲸探数字藏品（数字藏品平台）	"敦煌数字空间"系列	数字藏品
		李宁（服装公司）	"三十而立"沙漠大秀	各类跨界品牌授权
		新潮传媒（社区媒体）	"博物馆到家"电梯公益广告	

续 表

授权主体	授权介体/二级授权主体	授权客体	典型产品	主要合作方向
敦煌博物馆	杭州鲜活万物品牌管理有限公司	百雀羚（美妆公司）	敦煌系列彩妆	各类跨界品牌授权
		梦幻西游（游戏公司）	"梦回千里是敦煌"主题联动	
		……	……	
	敦煌市广至传媒会展有限责任公司（国资）	疯狂体育集团有限公司—乾坤数藏（数字藏品平台）	敦煌瑞兽系列	数字藏品
		上海天络行品牌管理股份有限公司（IP商业公司）	……	包括图库、创意在内的授权服务
		……	……	各类品牌授权

【思考题】

1. 敦煌中期山水壁画的特征有哪些？这些特征是如何形成的？

2. 请思考敦煌中期山水壁画的特征与早期的不同之处，并分析其原因。

3. 结合历史背景、艺术风貌及鉴赏要点，评析本讲的代表作品。

第六讲

敦煌中期人物壁画

【内容概要】
- 了解敦煌中期人物壁画的特征与风格。
- 了解敦煌中期人物壁画代表作品的历史背景。
- 运用相关方法进行作品鉴赏。

第一节　敦煌中期人物壁画特征

隋唐时期是中国封建社会的鼎盛时期,同时也属于敦煌壁画历史中的鼎盛时期。这段时期的敦煌壁画,无论是在世俗文化的表现手法、时空观念上,还是在精神状态的创造上,都体现了中国壁画艺术时代精神的基本脉络——对虚幻世界的世俗化表述。同时,也体现了大乘佛教的思想——慈悲与智慧。

隋唐人物形象开始变得丰满、写实手法大大提高,着重于人物内心世界的刻画,作品充满人情味和欣欣向荣,这和当时社会的形态和审美息息相关。"中国式样的方领大袍代替了早期'曹衣出水'式样的天竺风格的袈裟。原来风流潇洒、儒雅清高的名士风度,已经变为雍容华贵、庄严肃穆的神圣气度"。①

莫高窟中期艺术,而当时由于政府的扶持,使得佛教获得了空前的发展。全国各地都在兴建寺庙,而寺庙中的壁画则综合反映了当时社会文化各个方面的内容,无论是绘画、舞蹈,还是音乐、书法、诗歌等,既有传播佛教以配合当时佛教传播而绘制的宗教画,也有大量反映现实生活的世俗画,这些不同性质的人物画共存,使这一时期的绘画兼具宗教艺术和世俗艺术的双重功能。

当时无论是大画家阎立本、吴道子,还是无名社会画工,都在寺庙里创作壁画和雕塑,而这就是他们的作品对外传播的主要途径。大家在这个过程中相互学习借鉴,共同将唐代的佛教艺术推向了高峰。前文也说过,因为敦煌特殊的地理位置,所以自从隋朝统一之后,中原文化对敦煌的影响就与日俱增。到了唐朝,中原和敦煌的交往更加频繁,各种社会时兴潮流更是几乎是同步的,所以这个时候的敦煌莫高窟艺术,无论是艺术形式还是艺术风格,或是艺术趣味,都和长安、洛阳是完全一样的。

一、题材丰富

莫高窟中期艺术在题材上和早期相比出现了重要的变化和发展,愈加丰富多彩,主要有以下变化。

一是佛像画的变化发展。这一阶段出现了大量的单身佛像画,这其中就包括我们现在人熟悉的观音菩萨、文殊菩萨、普贤菩萨和大家不熟悉的大势至菩萨。这些菩萨形象逐渐从群体《说法图》中独立出来,以其自己为主角,形成了单独的出行图或其他场景。

① 敦煌文物研究所编.中国石窟　敦煌莫高窟 3[M].北京:文物出版社,1987:164.

二是经变画的变化发展。经变画大量出现,而且发展迅速,从隋朝到了贞观年间,短短四五十年已经到了成熟的顶峰,出现了开凿于贞观十六年(公元642年)220窟《西方净土变》这样规模宏大、构图完整,内容繁杂的大铺作品,以及《观无量寿经变》《法华经变》《弥勒经变》《维摩诘经变》等用画像来解释佛经的思想内容的、首尾完整、主次分明的大画,而且传达佛教内容的同时出现了大量的社会生活内容。绘画者技艺高超,想象力丰富,表现形式多样,都是难得的艺术珍品。经变画是我国佛教艺术的独创形式。据统计,莫高窟现存有24种,1 055幅之多。它不像佛教故事画那样单纯地表现一个完整的故事,而是综合地表现佛经所记录的各种场景,人物形象生动,主题突出,色彩灿烂,境界辽阔,意趣深远。直接反映了当时社会的强大繁荣和"四方丰稔,百姓殷富,人情欣欣然"的时代精神,现实主义与浪漫主义并重是隋唐人物画的显著特征。经变画是唐代以后敦煌壁画的主要题材,在敦煌石窟艺术中有着举足轻重的作用。

三是史迹画的变化发展。武则天崇信佛教,自诩弥勒佛转世。所以在这一时期,出现了很多描述历代帝王崇敬佛教的作品。这类作品除了主体描述之外,为了达到宣扬的目的,还糅杂了很多虚构的情节在里面,比较典型的就是《张骞出使西域》《石佛浮江》等。

四是供养人像的变化发展。李世民为了表彰那些为唐朝建立做出杰出贡献的功臣,设置了"凌烟阁",由大画家阎立本把这些功臣的画像真实地绘制出来,挂在凌烟阁内供后人瞻仰。而敦煌的供养人像也在此时开始,从最早的单一的宗教供奉角度,逐渐向能显示自己身份与地位的方面转变,而且打破了之前"千人一面"的表现手法,开始根据不同的人物身份、气质和特征去刻画具体的人物形象。

五是乐舞图的变化发展。唐代时乐舞的繁荣并不是一件孤立的事情,而是一个恢宏庞大、多样统一的体系,是当时整个社会文化蓬勃兴旺的表现,也是那个时代的缩影。就乐舞的表演风格来说,与当时辉煌的文化艺术一样,表演者神情自信优雅,气质雍容华贵,表演过程不疾不徐,却又让人感到自由奔放,身静心清又充满了澎湃的活力。乐舞内容随着经变画出现在了墙壁上,所谓"伎乐天奏乐　歌舞以娱佛",安好、祥和、喜乐,这些代表着人们对极乐净土的美好展现和向往也被寄托在乐舞之中。这是佛陀说法花雨纷纷的胜境,但同时也是人间乐舞表演情形的再现。

二、造型手法趋于写实

莫高窟中期人物吸收汲取了魏晋南北朝的绘画精髓,经过隋朝三十余年的探索改造,又开启了自身的新风格,从而推动了整个中国绘画艺术的繁荣与发展。初唐的佛像面部为椭圆,略方,双眉呈细长的弧线形,双眼细长,且上眼睑呈两个波浪形,鼻梁挺直方正,嘴唇红润饱满。到了盛唐之后更多了中原汉人的特点,佛像在庄严中多了一些慈爱、和蔼可亲之感。这个时期,无论是壁画还是彩塑,都愈发趋于写实,人物身材比例匀称,面貌丰腴,体态健壮而又优美,更加贴近现实生活中的真实人物。根据现在所保存的艺术形象和各种史书记载,能看出当时佛教形象普遍采用世俗生活中的人作为创作蓝本,而且符合当时整个社会的审美观。

三、线条创作技法发展

莫高窟中期人物壁画在用线条造型方面,继承了隋代"兰叶描"的手法,并进一步发扬光大,将兰叶描线条挺拔、细腻、灵动且极富张力特点发挥得淋漓尽致。人物、动物、建筑等描绘的形象不同,表现手法也不同,从淡墨线起稿开始,到着色之后重墨线复勾定形,再到最后细节部位提神,线条和层次的变化感明显,人物形象简练概括,神态庄严,神形兼备。对画面中人物身份的主次、位置的疏密、场景的虚实、用墨的浓淡及运笔的节奏和变换的韵律把握到位,富有变化,身体姿态真实自然、形神合一,作品充满生动感和立体感,对人物的面部、衣物飘带等细节的表现尤其精彩,遒劲有力,波动起落,真可谓是衣袂飘飘、满壁风动。

"敦煌的唐代画师善于掌握毛笔的性能,深得用笔三昧,落笔稳,压力大,速度快"。[①] 精湛的线条技艺造就了精湛的艺术,莫高窟中期,尤其是初唐和盛唐时期创造的艺术形象堪称中国美术史上的高峰。

四、赋彩风格

唐代敦煌壁画用土红色或者直接以墙面泥色作为底色,以青、绿、红三种颜色为主,配合以土黄、赭石、蛤粉、墨色等作为调和,经过数次叠加晕染,使得画面色变化丰富而有厚重感。不同颜色的搭配组合独具匠心,虽然色彩种类不多,但是通过巧妙的变化组合,给人一种富丽绚烂、五彩缤纷的视觉观感。

第二节　代表作品解析:《观无量寿经变》莫高窟第 220 窟(初唐)

一、壁画背景

这个洞窟有确切的年代题记——第 220 窟贞观十六年(642 年)。该洞窟是当时敦煌的豪门大族翟氏出资修建的家族窟。虽然后代几次重修,但是基本保留了初唐时期的风貌。

---

① 段文杰:唐代前期的莫高窟艺术 [EB/OL]. https://mp. weixin. qq. com/s/jzNwn4218gOSMnmS645VEA,[2018 - 11 - 05].

图 3-6 《阿弥陀经变》 莫高窟第 220 窟(初唐)

《阿弥陀经变》,也叫《西方净土变》。如图 6-1 所示,这幅壁画,画幅巨大,画艺精湛,是莫高窟现存规模最大而且保存最完好的,同时也是莫高窟西方净土变壁画的代表作品。所谓"西方净土"就是佛教徒口中的"西方极乐世界"和基督教徒口中的"天堂"。是一个"无病无灾无烦恼,无有刀兵、无有奴婢、无有欺屈、无有饥馑、无有王官……"的世界。极乐,在梵文中的本意是幸福所在之处。

唐代"西方净土信仰"空前兴盛。这是因为"西方净土信仰"所描述的优越性被众多佛教徒普遍认同,同时因为修行法门简易,所以佛教的净土宗在当时民间的影响力非常大。当时的艺术家按照佛教经典,发挥自身的想象力,按照现实生活的样子创造出了世人心目中西方净土世界。

二、壁画故事

《阿弥陀经变》是唐代前期现存各种经变画中最多的一种。这一经变经过漫长的发展阶段,至唐初武德年间还只是一些小型的构图,其内容仅比说法图多了宝池和乐舞,到了贞观年间变得完备了。不是"纳谷纳麦、纳酒纳布,唯是朝献香花、暮陈梵赞,更无别役"的极乐世界,还有"二十八天闻妙法,天男天女散天花"。

画面以《佛说阿弥陀经》为依据,着重表现了西方佛国世界的华丽与欢乐。在画面最中央,阿弥陀佛结跏趺坐于碧波荡漾宝池中央的莲台上,正在讲经说法。观音菩萨和大势至菩萨胁侍在左右,四周拥绕着众多菩萨。宝池之中莲花盛开,化生童子自莲花中出生,宝池前有平台宝玉砌成的雕栏,平台上乐队坐于两厢,中间一对舞伎头戴宝冠璎珞,身穿石榴裙,手里挥动长巾,正在翩翩起舞。与此同时,画面中的白鹤、孔雀、鹦鹉、舍利、迦陵频伽、共命之鸟等,也都振动双翼,应弦而动,发出美丽的鸣叫。东西两侧楼阁耸峙,飞檐斗拱、好不气派。壁画上部则是一片碧空,一朵朵彩云与各式乐器漂游天际,琴瑟鼓笙和着雅韵,不鼓自鸣。龙吟凤舞于彩云之中,"帝释前行持宝盖,梵王从后捧金炉,各领无边眷属俱,总到圆成极乐会。三光四王八部众,日月星辰所住宫,云擎楼阁下长空,擎拽罗衣来入会"①:"七宝池、八功德水,池底以金沙布地,四边阶道,以金、银、琉璃、颇梨(玻璃)砗磲、赤珠、玛瑙饰之,池中莲花,大如车轮……昼夜六时出和谐音。"

整个画面密密匝匝的构图,将"但受诸乐无有众苦"的西方净土表现得非常充分。

三、作品鉴赏

关键词:极乐无忧;生活场景;散点透视法

这幅初唐时期的巨型经变画的构图形式,是艺术家惨淡经营、出新

---

① 康僧铠,译.佛说无量寿经[M].大正新修大藏经(第12册).东京:大藏出版株式会社,1988:265-279.

意于法度之中而创造出来的。

经变由三部分组成，上段为天空，意境开朗而豪放。中段为水国，构图形式以中央画佛陀及其胁侍圣众，形如众星捧月：碧波荡漾的七宝池中央的莲台上，西方三圣——阿弥陀佛端坐莲台，双手做"转法轮印"，正在讲经说法，庄严肃穆。观音菩萨和大势至菩萨侍立在左右，菩萨背后经幢凌云，梵宫高耸，楼阁相对，祥云环绕，色彩艳丽。观音菩萨大势至菩萨穿着透体罗衣、锦绣披巾，凝神伫立，神态庄重。人物风貌神采已呈丰满健美之美，白色肌肤因为时间的关系已开始变为棕色。但是，天然的肤色变化使画面色彩更为丰富，岁月流逝中形成的另一种古朴浑厚的立体感。在主尊像的周围，一众胁侍菩萨群像环绕，据统计共有一百五十余身，严密而有主次疏密地组织在一起，各具风姿。四周穿插各种故事情节，浑然一体。以突出的阿弥陀佛的地位表现佛国世界的至高无上。下段池内碧波荡漾，七宝栏楯，舞乐场面，人员众多，庞大的乐舞场面徐徐展开，乐工奏乐，歌伎起舞，鹦鹉、孔雀展翅踏节应弦而舞，菩萨贤淑多姿，天真无邪的化生童子在水中嬉戏，升潜沉浮，十分自在，一派歌舞升平的景象。画师将"往生灵魂"在"西方极乐净土"里的"纯洁天真的快乐生活"表现得趣味无穷。

整幅壁画的构图采用了散点透视法，用鸟瞰与焦点透视相结合的方法，画面上初次出现了视平线，创造了与王维在《山水诀》中描述的——"远岫与云容交接，遥天共水色交光"意境相同的辽阔的境界。

这幅规模宏大的壁画，是以楼台亭阁，天光水色的实境想象创造的幻境。这种幻境是画师们高度想象力和巨大创造力的表现。这里要说的是，艺术家的审美首先是对生活的审美，这是理解佛教艺术审美的前提条件。创造佛教艺术的古代艺术家们，不是凭借空幻和想象，甚至是臆想去造神，更不是他们藏有什么神秘的"粉本"，而是他们有各自师承的传统艺术和技巧，多年的从业经历使得他们深谙艺术的规律。更重要的是，他们是世俗群众中的一员，了解广大信仰者的愿望和要求，熟悉民众们的宗教情感和审美趣味，这些世俗社会的生活情景，是他们首要的创作依据和灵感来源。他们把美好愿望寄托于被崇拜的佛、菩萨和"往生"之后的"净土世界"。正如宋代裴孝源谈画时所说："穷天地之不至，显日月之不照，挥纤毫之笔，则万类由心，展方寸之能，而千里在掌……有象因之以立，无形因之以生。"

　　佛教艺术中独创的经变画是中国古代艺术的珍品，而要想一睹其美好，只有劳车远行，来到大漠之中的敦煌石窟才能窥其风采，这也暗合了要获得美好，必须先要经历艰辛努力和跋涉。

第三节　代表作品解析:《乐舞图》
莫高窟第 220 窟(初唐)

图 3-7　《乐舞图》　莫高窟第 220 窟(初唐)

一、壁画背景

　　这是第 220 窟《阿弥陀经变》(西方净土变)下部的《乐舞图》，绘制于初唐时期。这幅作品是敦煌壁画中规模最大的乐舞图之一，场面宏大，呈现了佛国世界"极乐天国，其乐无极"的景象。

图 3-8 《乐舞图》(局部) 莫高窟第 220 窟 赵俊荣 临摹

二、壁画故事

　　整个乐队的 16 人分为两列,相对坐于地毯上,乐师或上身袒裸,或斜披天衣,她们肤色不同,发式各异,演奏着来自中原的和从西域、外国传入的各种打击乐器、吹奏乐器、弹拨乐器。乐器有琵琶,空篌、筝、方响、笙簧、排箫、腰鼓、羯鼓、横笛、法螺、答腊鼓等。其中一人一边唱歌,一边将手里的盘子抛向空中。画面最中间是两位正在翩翩起舞的舞者,她们身形俏美,头戴宝冠,身着罗裙,挥舞长巾,在小小的圆毯子上旋转腾踏,仿佛一只陀螺,跳起从西域传来的胡旋舞,场面动静结合,呈现出一片祥和的景象。在乐队和舞者之间,有两位菩萨正在点燃灯轮,使得庄严而豪华的场景更加增添了一份辉煌。

三、作品鉴赏

关键词：胡旋舞；无忧极乐

鲁迅先生说过："在唐可取佛画的灿烂，线画的空实和明快。"从这幅品上，可以看出灿烂明快是唐代绘画艺术风格突出的一点。画面色彩绚丽，色调明快，无论是画面的绚丽、人物的造型，还是色彩的表现都呈现出唐代盛世时期富丽维容的风度和丰满厚实的气质。

宗教艺术是人类开发自己心灵的历史产物，敦煌的艺术并不是我们今天看见的、理解的、附属于宗教的艺术，它的诞生背后有着丰富的社会生活内容，许多杰出的作品已成为后世景仰学习的典范，也为人类文化史增添了不少光彩。只有认真审视祖先遗留下的这笔辉煌的遗产，我们对它的认识才能不断深化。

唐朝是舞乐的朝代。西域的胡乐与胡姬随着丝绸之路来到中原，唐朝流行的胡旋舞、胡腾舞、拓枝舞、健舞等，都是来自西域。白居易曾写道："胡旋女，胡旋女，心应弦，手应鼓。弦鼓一声双袖举，回雪飘摇转蓬舞。左旋右旋不知疲，千匝万周无已时。人间物类无可比，奔车轮缓旋风迟。"在这期间，杨贵妃吸收了软舞的神妙，创造出了著名的《霓裳羽衣舞》，而书法家张旭则从健舞中获得启示，潇洒刚劲的草书流传至今。这一切无不透露出大唐蓬勃的朝气和那种从骨子里迸发出的自信。

无论是曼妙的软舞还是阳刚的健舞，这些无疑都给大唐增添了无数浪漫与精彩。

李白曾经有诗曰："五陵年少金市东，银鞍白马度春风。落花踏尽游何处，笑入胡姬酒肆中。"这便是当年长安生活的真实写照。今天的我们遥想一千四百年前的盛世大唐，想必回到长安的梦里，也是如此吧。

第四节 代表作品解析:《反弹琵琶》
莫高窟第112窟(中唐)

图3-9 《反弹琵琶》 莫高窟第112窟(中唐) 赵俊荣 临摹

一、壁画背景

唐天宝十四年(公元755年),"安史之乱"爆发,唐王朝从河西地区抽调精锐的边防驻军,回中原平定叛乱,导致宝鸡以西防务空虚,因为唐王朝无暇西顾,吐蕃乘机出兵,势如破竹,攻占了陇右地区,剑指河西走廊。河西地区军民奋起反抗,无奈寡不敌众,河西诸郡纷纷陷落。公元786年(唐德宗贞元二年),唐王朝在河西地区的最后一座城市敦煌,在苦苦坚守了十一年后"粮械皆竭",于是被吐蕃攻陷,自此整个河西地区全部沦陷。因为守城将领以"毋徙它境,请以城降"为条件与吐蕃议和，所以敦煌的居民仍生活在自己的家园，再加上吐蕃本身也信仰佛教，所以中唐(吐蕃统治时期)的敦煌艺术仍旧延续了唐代以来的传统风貌。

二、壁画故事

"反弹琵琶"是敦煌最优美的舞者。

这幅乐舞壁画绘制于莫高窟第112窟《观无量寿经变》画面的中央位置，属于佛陀说法时候的乐舞图的一部分。第112窟是莫高窟中唐时期的代表洞窟之一，展示出明显的吐蕃特点。例如，经变画增多，从原大铺的净土经变画变为了同一壁内多经变，汇集各宗各派经变于一窟。这个不到四平方米的狭小空间里，容纳了九种经变画。这个洞窟的经变，画面不大，内容丰富，结构严密，技艺精湛，是敦煌壁画中的精华。

画中的舞者举起琵琶，反手在身后弹奏，举足旋身，身体呈"S"形，霓裳琵琶、赤足玉盘，梦幻与现实交织，温柔与刚毅并存，一个回眸、一个转身都在告诉这人间，她是何其的洒脱与超然。伴随着美妙的乐曲踏歌而舞，长长的飘带随着身体的舞动而摇曳生姿，脚下节拍鲜明，舞姿奇特优美，劲健而又舒展，面部神情悠闲雍容，落落大方，身上的璎珞与臂钏则随着身姿的变换叮当作响，别饶清韵。曼妙的舞姿，清而不高，艳而不俗，双脚拇指跷起似在晃动以应节拍。在使出"反弹琵琶"绝技时的刹那间，仿佛整个天国都为之惊羡不已，时间也停止在了现在，刹那间满壁风动，天衣飞扬，精妙绝伦。让每一个观看的人都陶醉在喜悦和祥和之中。

三、作品鉴赏

关键词：兰叶描

这幅壁画画幅不大，但很精致，整个画面结构严密，美丽的舞者，手中琵琶在背后拨弹,且弹且舞,这个姿势在现实中有着极高的难度。最突出者,舞者的双脚拇指跷起,似乎是在晃动应节,从这种特殊的舞技中,可以看出印度舞蹈留下的影响。两旁的伎乐,分别弹奏琵琶、阮咸、空篌、鸣类鼓、横笛、拍板等,通过舞乐表现了西方极乐净土世界一派和谐安详的欢乐景象,令人赏心悦目。传神是造型艺术的最高标准。敦煌古代的天才匠师们,从宗教教义出发,通过想象、理想化和精湛的艺术处理,凭借线描和赋彩的手段、传统的艺术手法,借鉴外来艺术优秀的审美思想,塑造和刻画了具有生命力的艺术形象,使她成为唐代艺术的杰出代表。

这幅画人物线描为兰叶描法,线条纯熟,落笔委婉自如,起笔流畅飞动,一气呵成,收笔大胆自信,停顿转折恰到好处,人物造型丰腴饱满,形体姿态和神情浑然一体。在赋色方面,壁画以原本的泥色为底色,以朱、绿、黄为主色,面部和身体用蛤粉画成白色,使得整个画面显得温润又厚重,富有典雅的色彩美,展现了唐代优秀壁画鲜明的民族风格。尤其难得的是,这个洞窟的壁画千年后几乎没有变色,今天的我们看到的画面,和一千多年前的古人看到的是相同的,可以想象,一千多年前,一个能歌善舞才华超群的胡姬,在长安西市酒肆之中也是这样踏歌而舞的,而台下发出阵阵喝彩的正是我们今天耳熟能详的大唐才子。而眼前的胡姬仿佛就是佛国中的伎乐天子,我们的无名艺术家们,在惊鸿一瞥下,将映入脑海中的形象绘于壁上,使煌煌大唐的文化符号流传至今,令千年后的我们赞叹不已。

正如李白的诗写道:"今人不见古时月,今月曾经照古人。"此时此景,千百年来不知多少古人曾经站在这幅壁画面前,也不知他们当时都在想些什么。

┌─ **拓展阅读** ─────────────────────────────┐

莫高窟第 158 窟涅槃像(中唐)

导读：158 窟是莫高窟中唐时期的代表窟,体现了彩塑与壁画和谐统一、相互配合呈现主题的敦煌莫高窟艺术特点,同时这身涅槃像是莫高窟的彩塑代表作之一。按照佛教的教义,释迦牟尼的涅槃不是结束了生命,而是超越了普通意义上的生与死,达到了正觉的境界。通过解读 158 窟建窟的历史背景以及彩塑与壁画融合一体的呈现,赏析中唐的敦煌艺术。

图 3-10　《涅槃像》　莫高窟第 158 窟(中唐)

唐德宗建中二年(781 年),由于安史之乱,整个河西走廊除敦煌之外都沦陷于吐蕃。在孤立无援的情况下,以一城之力抵抗吐蕃达 11 年之久的沙州(敦煌)被迫和吐蕃签订城下之盟,以"毋徙它境"为条件接受了吐蕃王朝的管辖,自此关中以西的河陇地区全部为吐蕃所控制。这个洞窟就是在吐蕃围困敦煌期间开始修建的。这个洞窟将释迦涅槃像作为洞窟的主体,塑像表现了释迦牟尼涅槃时的情景,所以也被称为涅槃窟。整个洞窟呈长方形,佛像长 15.8 米,呈狮子卧状,左手轻放于身上,双足相叠横卧。双目半闭,嘴唇略弯,微含笑意,丝毫没有世间凡人去世时的痛苦和悲哀,相反给人一种欣慰入睡的感觉,整个形态和表情,展现了佛陀"寂灭为乐"的涅槃境界。

这身涅槃像表现了释迦在拘尸那城双树下安详寂灭的情景:塑像头南足北,面东横卧于主室佛床上,右手平展置于团花棉枕上,拖着丰满的面颊、睡姿舒展安适,整体比例协调、造型优美,透过质薄如纱的红色圆领袈裟,表现出了女性肌体圆润丰腴而微微起伏的曲线美。眉轮舒展,双目下垂,嘴角沉静,显示出一种断绝一切烦恼束缚与内外离缠、一身轻松的涅槃境界。这铺涅槃玄妙地将"解脱生死"之境在形象上成功地呈现了出来。在尺寸上,塑像头部长约 3 米,虽然不符合科学的人体比例,但是从视觉上来说却毫无违和感。

在塑像的身后绘制了佛陀大弟子迦叶奔丧和十大弟子的举哀图,以及佛陀的其余众多弟子与菩萨。佛陀涅槃之时,因为每个人的修为程度不同,而分别呈现出神情端庄、肃穆沉静、低头冥想、羡慕向往、号啕大哭,捶胸顿足,痛不欲生、悲伤哀戚、欢喜、呆滞等不同的面部表情与强烈的肢体动作,将人物身份、性格特征和学识程度衬托得淋漓尽致,可以说是惟妙惟肖,更增加了佛陀涅槃的感染力。同时在佛床涅槃坛下方,绘制了外道魔王听闻佛陀涅槃消息后,欣喜若狂的场景。这些呼之欲出的逼真形象使涅槃情景更加引人入胜。

第五节　代表作品解析：《张议潮出行图》 莫高窟第 156 窟（晚唐）

图 3-11　《张议潮出行图》　莫高窟第 156 窟（晚唐）

一、壁画背景

莫高窟第 156 窟是敦煌晚唐时期的代表洞窟，也是归义军节度使张议潮的功德窟。洞窟内墙壁上有"咸通六年（公元 865 年）正月十五日"的墨书题记。

"敦煌古往出神将，感得诸蕃遥钦仰。效节望龙庭，麟台早有名。只恨隔蕃部，情恳难申吐。早晚灭狼蕃，一齐拜圣颜"。这首唐代教坊曲《菩萨蛮》唱的就是"河西遗黎之得重睹汉官威仪"的名将张议潮。言语之间塑造了一个性情豪放、忠贞爱国的将军形象，表现了敦煌人希望早日将敌人赶出家园的愿望和决心。

公元 851 年，当时的沙州（敦煌）民众首领张议潮，趁着吐蕃高层内部不和，率领敦煌各族人民起义，赶走了残暴的吐蕃统治者，一举收复了沙州和瓜州，同时派遣十路使者，将"河西大捷，沙州大捷"的消息连同两州地图户籍等奉表入京献捷，表示归顺唐王朝。因为当时的敦煌以东的大片土地还处在吐蕃的统治下,十路人马最终只有一路历经千难万险,在两年后到达了长安。长安城老百姓闻讯而来,夹道欢迎,远在长安的唐宣宗隆重地接见了使者悟真法师,大喜叹曰:"关西出将,岂虚也哉!"随即下旨任命张议潮为沙洲防御使,后又敕封为归义军节度使。

在此后的十年间,张议潮率领归义军东征西讨,逐步收复了瓜、伊、西、甘、肃、兰、鄯、河、岷、廓十州。后苦战三年,终于在公元861年收复了吐蕃在河西地区的最后一个据点凉州(今武威)。从此,"西尽伊吾,东接灵武,得地四千余里,户口百万之家,六郡山河,宛然而旧""河陇陷落百余年,至是悉复故地"。这标志着自安史之乱后陷落一百多年的河西走廊地区彻底光复。

敦煌自此开始了延续近两百年的归义军时期。这是敦煌非常重要的历史时期,在这段时间里,敦煌重新成为东西方交流的"中转站",对于9世纪到10世纪的中西方文化交流起到了非常重要的作用。

二、壁画故事

一代名将张议潮在历史大势中乘势而为,在山河破碎的一片狼藉中,凭借一腔热血,在没有唐王朝支持的情况下,以一己之力为国家收复了4 000里失地。然而其功勋卓著,《旧唐书》《新唐书》却均未为其立传。随着近代藏经洞文献的面世,我们才逐渐认识了这位被刻画在敦煌莫高窟156窟壁画中的这位逐番归唐、跃马扬鞭的"红袍将军"。

这幅壁画长达8.2米,宽1.05米,与描绘他的夫人——宋国河内郡夫人宋氏出行图相对而立,壁画榜题有"河西节度使、检校司空兼御史大夫张议潮统军除吐蕃、收复河西一道行图"的文字,描绘了张议潮出行时候的宏大场面,是唐代供养人题材壁画中最杰出的作品之一。

整幅壁画呈横卷式展开,画面中出现的人物多达114人,分为三部分,从右至左依次排开,位于队伍最前方的横吹队列吹响号角,鼓声震天,为大部队开路。甲胄戎装、腰挎箭囊的仪仗队执槊旌旗分列两边,场面庄严肃穆。紧随其后的乐舞队伍分为两组对舞,丝竹乐队的 12 名乐师亦分为两队,一对大鼓在乐队的最前面,一个人背鼓,一人手持双锤击鼓,其余八个人分别持拍板、笛、箫、琵琶、箜篌、笙、腰鼓等乐器,从画面上看,这是一支胡汉混合的乐队,身着团花锦衣,头戴毡帽,脚穿毡靴,随队前行的八位舞者分别穿着汉服和吐蕃服装,随着音乐声翩翩起舞。

作为画面主角的张议潮位于整幅画的最中央,他身穿赭红色袍服,正在扬鞭跃马,踏过桥梁。军容整齐的侍卫亲军"银刀官"与射猎骑队"子弟军"分列两侧紧随其后,在其之后的文官侍从则是遵循唐朝藩镇规制设立的官署体系。队伍的最后面是负责后勤运输驮运的骆马队伍。

三、作品鉴赏

关键词:写实;神形兼备

张议潮出行图在内容形式上非常具有代表性,他记载了具有历史意义的"名场面",开创了长卷历史人物画的先河。作者以崇敬的心态和饱满的热情,完成了这幅具有历史意义的艺术佳作。

整幅画面构图紧凑完整,造型生动,庄严肃穆而不失活泼,人物神态自如,形象丰满,笔法舒畅生动,娴熟概括,色彩雅正清新,对称的形式美感十足,兼具表现手法、艺术水准、历史意义和美学价值。画面中众多生动的人物形象反映了当时社会的真实现场,在庄严肃穆中又呈现出一派豪华、富丽、热闹、欢庆的气氛,用艺术笔墨表现众多的人物形象,体现了成熟的民族审美意识。仅从历史的角度考察,它生动地记录了敦煌这一小片绿洲中的物质社会和心灵活动的历史。整幅壁画的 144 身人物中,鞍马人物就占据了 80 身,这也反映了战马在古代军事领域占据的重要作用,是各种文学作品和艺术作品中被歌颂的重要题材。

张议潮在收复河西后,各项制度完全恢复了中原制式,重视部队建设,重视农桑和恢复对外贸易交流,使得河西地区重新焕发了生机,呈现出一派欣欣向荣的景象。《旧唐书·宣宗本纪》记载:"自河、陇陷蕃百余年,至是悉复陇右故地。观河西之地,旧时胡风尽去,唐风大盛。人物风华,一统内地。"这一点从壁画中也能看出——仪仗队伍人员头戴着汉民族传统的幞头,身穿百花衣,腰系革带,足蹬白靴,手持唐仪刀,整个出行队伍按照《唐六典》和《新唐书·百官志》的规制设置,拥有六纛(唐代节度使军中所用六面大旗)、旌节(唐制中,节度使赐双旌双节,旌以专赏,节以专杀)、衙官等当时节度使的全套仪仗,为我们今天复原唐朝军队典制提供了直观的视觉资料。

看张议潮出行图,仿佛能感受到鼓角齐鸣的气势恢宏和厚重大气,以及大军出行时的一往无前、所向披靡的豪迈气概,真是一幅现实主义绘画的杰出作品。

第六节　代表作品解析:《四飞天》
莫高窟第 320 窟(盛唐)

图 3-12　《四飞天》　莫高窟第 320 窟(盛唐)　赵俊荣 临摹

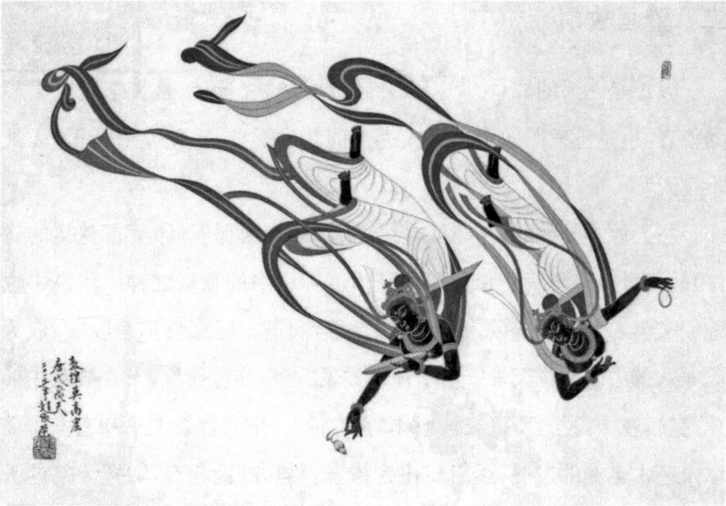

图 3-13　《双飞天》(盛唐)　赵俊荣 临摹

一、壁画背景

敦煌飞天从艺术形象上说，是多种文化的复合体，是印度文化、西域文化、中原文化共同孕育形成的，同时又完全具有东方美学特征的形象。敦煌飞天可以说是中国艺术家最为天才的创造，在世界美术史中都堪称一个奇迹。

敦煌壁画中的飞天，从莫高窟建立开始便出现了，从公元 4 世纪到 14 世纪，历经十个朝代，历时千余年，贯穿了莫高窟的整个营建史。飞天的形象变化和同时期经济文化的发展状况息息相关，不同的时代留下了不同特点的飞天形象。到了唐代，在历经了北凉、北魏、西魏、北周、隋代五个朝代、三百余年的文化融合后，飞天完成了中国化的"进化"历程，符合中国式审美标准的飞天诞生了，飞天艺术形象也进入了东方审美范畴中堪称完美的阶段。

二、壁画故事

敦煌是飞天的故乡。飞天是佛国世界的香音神,是带来欢乐幸福的使者,也是佛教图像中最令人喜爱的艺术形象,在敦煌壁画里"无处不飞天"。

飞天原本是乾闼婆(印度梵语的音译)与紧那罗(印度古梵文的音译)的复合体。乾闼婆和紧那罗是印度神话中的歌舞之神。传说中说他们夫妻二人一个善歌,一个善舞,融洽和谐。后来被佛教吸收,成为天龙八部中的两位天神。由于浑身散发香气,亦歌亦舞,天女散花中仙乐悠转,花雨纷纷,所以又被叫作"香音神"。随着佛教理论和艺术审美以及艺术创作的发展,逐渐演化为体态轻盈,翩翩起舞,翱翔天空的天人飞仙,名为飞天伎乐。

这幅壁画是唐代最具代表性的四身飞天,绘于阿陀经变上部,位于佛陀华盖的左右两侧,两组四身,相对而飞。前面一身飞翔散花,后面一身追逐相随,左右对称,前后呼应,顾盼有情,造型优美,借助长长的天衣飘带,将香音神在蓝天彩云间自由飞翔的曼妙姿态表现得惟妙惟肖,尽善尽美。

大诗人李白在咏仙女诗中有这样几句——"素手把芙蓉,虚步蹑太清,霓裳曳广带,飘浮升天行",这就是唐代飞天的写照。可以认为,李白的诗是无形的画,敦煌的飞天则是有形的诗。

三、作品鉴赏

关键词:中国式审美;浪漫主义

飞天,是浪漫主义思想方法与创作方法相结合的产物,是古人善良、美丽的理想憧憬进一步的飞腾与升华。

在莫高窟中,就有4 500余身姿态各异,千变万化的飞天图像,只靠迎风招展的几根彩带,轻轻飘浮在东西方净土变的上空,体态婀娜多姿,生动活泼。她们在整窟壁画中,既起到了装饰美的作用,丰富了"天衣飞扬、满壁风动、衣袂飘飘"的意境,又具备着宗教一般的神秘使命。

敦煌飞天是古代画师们根据现实生活形象,经历了形象思维的变化,加上主观想象、联想和幻想并倾注内心情感,熔铸而成的意象的呈现。在艺术形象上,敦煌飞天是多种文化合成、长期交流融合为一的产物,有着纯粹的中国特色和民族风格,具有中国人的风貌和神采,不长翅膀,不生羽毛,用随风摇曳的彩带与流动的云彩来表现出飞天的轻盈和潇洒,真正具有中国文化特色。

"使有限的艺术形象、本身的微妙变化以及其遨游驰骋的辽阔空间,给人以新的'无限之意'的美感。这就是作为中国飞天的代表——唐代飞天的艺术成就"。

飞天的飞动感,为形象本身的动势所决定,同时潇洒飘逸的浅描,在描线时"抑扬顿挫""轻重徐疾"的变化中产生的笔情墨趣,形成一种复杂的互相交织的节奏感和韵律感,有助于形象的运动感,增强了舞带在空中展卷翻飞的意趣。敦煌古代画师具有深厚的线描功力,线描的艺术成就充分体现在飞天上,飞天的艺术生命力,取决于最后的定形线,飞天的民族风格特点,也体现在潇洒的线描上,这也正是中国特色的艺术笔法赋予飞天以生命的意义。

经历了一千多年的岁月,敦煌飞天这些优美的形象拥有永恒的艺术生命力,至今仍然吸引着人们,给人以美的享受。

第七节　代表作品解析：《都督夫人太原王氏礼佛图》莫高窟第 130 窟(盛唐)

图 3‑14　《都督夫人太原王氏礼佛图》　莫高窟第 130 窟(盛唐)　赵俊荣 临摹

一、壁画背景

莫高窟第 130 窟是敦煌石窟第二大窟，开凿于盛唐时期的开元、天宝年间，前后历时约二三十年。窟内塑像为弥勒佛像，高 26 米，是敦煌莫高窟中仅次于第 96 窟的北大像(高 34 米)的第二大佛像，被称为南大像。

在初唐时期，供养人像多画在洞窟四周的下部，有的一主数仆，有的排成整齐地队列围绕一周。盛唐时期，人们开始把供养人画到甬道的两侧，而且形象愈画愈大。这幅绘制于盛唐天宝年间（753 年前后）的都督夫人太原王氏及其女儿和侍从们的供养像，已是和真人等身的巨像了。与她相对应的甬道北壁，则是她的丈夫——唐天宝年间，晋昌郡（今甘肃瓜州县）太守乐庭瓌及侍从们的供养像。

这幅画期曾被西夏时期重修洞窟者绘制的壁画所覆盖，直到 20 世纪 40 年代，研究者将其从西夏壁画中剥离出来。在西夏壁画重新绘制之前，这幅壁画所绘制的墙壁被拉毛，重新做了泥底，由于长期被流沙所掩埋，这幅壁画不仅色彩消褪剥落，壁画表面的地仗也已经和背后的岩面发生脱离，致使原画受到了严重的损坏。为了探索壁画本来的风貌，敦煌研究院的段文杰先生在经过深入研究的基础上，于 1955 年对这幅壁画做了整理复原临摹，再后来到 80 年代，敦煌研究院的赵俊荣先生在段文杰先生的全程指导下，又重新对这幅壁画做了复原临摹。

二、壁画故事

这幅《都督夫人太原王氏礼佛图》是唐代供养人画像中规模最大的一幅，画面有沥粉堆金的榜题——"都督夫人太原王氏一心供养"。

整幅画像一共有 12 人，第一位身形最大，身量也超过真人，是壁画的主角——都督夫人王氏，紧跟其后的是她的两个女儿——"女十一娘"和"女十三娘"，其余九名是她们的婢女。让人仿佛瞬间穿越到 1 300 多年前的一个春天的上午。出资建造莫高窟弥勒像的王夫人，衣着华丽，精心梳妆后，肩披白罗画帔，身穿绿衫红裙，手捧香炉，脚蹬笏头履，带着自己的女儿和一众随从，跟随自己的丈夫虔敬礼佛的场景。

礼佛现场，人山人海，热闹非凡。对于王夫人来说，这是她的人生的一次高光时刻，这既是神圣的宗教礼仪，又是跟随她的丈夫出席的一次重大的政务活动。作为礼佛仪式的主角,一袭盛装的王夫人一行人在围观百姓的瞩目下,伴随着僧侣们悠扬的诵经声,开启了一场盛大的展示和演出。画面中描绘的场景,是对敦煌当时社会现实最真实的反映。这幅画展示了极高的艺术水准,称其为中国最美的仕女画也不为过。

三、作品鉴赏

关键词: 供养人;现场感;盛唐服饰;透额罗

主人公王氏夫人身着织花石榴长裙,肩披多层轻绡薄縠披帛,云髻高耸,发上簪花,体态丰腴,衣着华丽,雍容华贵,神情虔敬;她身后的两个女儿,一个梳高髻,一个戴凤冠,分别披有多层丝绢披帛;身后九名侍者根据每个人的年龄,绾结出不同的发型,侍立于夫人与小姐身后,她们或持扇,或捧花,或抱瓶,或捧琴,中间那位黄衣女子正在回头,仿佛在向后面的青衫女子叮嘱着什么。众人均身着当时上层社会统一的服饰,画着天宝年间流行的妆容,是一幅以人物为主题的贵族妇女群像。

最重要的是,其中两名仕女额头装饰着专用于裹发的轻罗"透额罗",而所谓的"透额罗"是唐朝时常州出产的一种专用于裹发轻纱丝织品。据说唐明皇李隆基为了标新立异,有意突破旧习,指令宫女以"透额罗"罩头,就是帷帽上再盖一块薄纱遮住面额,作为一种装饰物。诗人元稹曾经写道:"新妆巧样画双蛾,漫裹常州透额罗"。这种透额罗形象,在流传到今天的图像资料中,敦煌石窟中的这两位仕女是仅有的两例,历史价值不言而喻。

整幅壁画钗光鬓影,绮丽纷呈,也是中国古代保存至今,最为宏丽的一幅绮罗人物的形象,唐代流传后世的大画家周昉的《簪花仕女图》、张萱的《虢国夫人游春图》《捣练图》,这三幅国宝级的画作与《都督夫人太原王氏礼佛图》相比,那就显得太过于纤小了。

《都督夫人太原王氏礼佛图》是一幅具有历史画创作性质的艺术精

品,色彩绚丽典雅,都督夫人的雍容气度和虔诚向佛的神态、侍女们的心理状态和神情变化都得到了最佳体现。画面结构和意境上突破了前代整齐严肃的供养人行列的传统,人物位置参差错落,自由活泼,特别是在人物背景的设计上出现了垂柳、萱花、曼陀花,并有蜂蝶绕花飞翔,使画面在庄重静穆的气氛中,又有了活跃的气息,增添了灵动的情趣,产生了动静结合、相得益彰的艺术效果。

画面的复原科学严谨,对于墨色的运用深思熟虑,对形象的把握精确到位,人物形象中主线和辅线虚实相生,轻重适宜,挥洒自如,一气呵成,达到了形神契合的高度,使其具有生命的韵味。在人物服饰上以线的疏密虚实表现了两个层次不同线型的变化,充分表现了不同衣纹的质感。色彩表达热烈而沉稳,对比又均衡,体现了唐代色彩富丽、绚烂的格调,是古代服饰研究的第一手资料,同时也是复原临摹敦煌壁画的登峰之作和绝佳典范。

【思考题】

1. 敦煌中期人物壁画的特征有哪些? 这些特征是如何形成的?

2. 请思考敦煌中期人物壁画的特征与早期的不同之处,并分析其原因。

3. 结合历史背景、艺术风貌及鉴赏要点,评析本讲的代表作品。

┌─ **拓展阅读** ─────────────────

数字技术点亮敦煌 IP[①]

导读:莫高窟燃灯是旧时敦煌重要节庆习俗,每逢腊月当地民

└─────────────────────────

————————

① 用数字技术在"云"上"点亮"莫高窟,还原千年点灯夜景[EB/OL].澎湃新闻,[2021 - 02 - 08],https://m.thepaper.cn/wifiKey_detail.jsp?contid=11271314&from=wifiKey#.

众会在莫高窟举行盛大的点灯仪式,用数字技术在"云"上"点亮"来自莫高窟的祝福,是在虚拟空间中赋予此敦煌形象的二次生命力,结合了科技与艺术,融合了过去与未来。结合此案例,思考与分析敦煌IP在数字空间中的新形式。

2021年腾讯联合敦煌研究院、人民日报新媒体在"云游敦煌"微信小程序上推出了"点亮莫高窟"功能,利用移动数字技术和区块链技术首次在线上重现一千年前莫高窟的点灯夜景,数字化复原莫高窟燃灯民俗"一川星悬"的盛大场面。至深夜时分,人们将会看到莫高窟崖体上空"银河"与洞窟光亮相映生辉的景象,体验千年前莫高窟燃灯盛况。其中,崖体的光线会根据现实世界的真实时间来同步利用区块链技术实现"永久存证"。在"点亮莫高窟"的首页上方,人们可以看到以第96窟(九层楼)为中心的莫高窟数字全景崖体,崖体下方是被称为莫高窟"最美塑像窟"的唐代第45窟VR实景。

在完成"点亮莫高窟"行动后,用户还可以获得"新年福卡"。该福卡融合了包括反弹琵琶、飞天等30幅莫高窟经典彩塑与壁画内容。同时,还通过区块链技术,将每一位用户"点亮莫高窟"的行动和他们所获得千年莫高窟的祝福记录在区块链上,让用户所得到的每一张卡片都是独特而有意义的。区块链将伴随着乐舞飞天、翼马联珠、长河落日等34个拥有莫高窟文化的彩塑与壁画画面,将每位用户"点亮"的唯一"密码暗号"记录上链,让每一份祝福都在链上被永久记载与流传。

图 3-15　"云游敦煌"新年福卡①

▶ **专题研讨**

古今双飞天：奏响文旅融合新乐章②③④⑤

近年来大敦煌文化旅游经济圈的启动建设，让散落在丝绸之路上

① 用数字技术在"云"上"点亮"莫高窟，还原千年点灯夜景[EB/OL].澎湃新闻，[2021 - 02 - 08]，https://m. thepaper. cn/wifiKey _ detail. jsp? contid＝11271314&from＝wifiKey♯.
② 张文博.古今双"飞天"奏响文旅融合新乐章——酒泉市倾力打造大敦煌文化旅游经济圈[EB/OL].甘肃日报.国际在线，[2022 - 04 - 21]，https://news. cri. cn/n/20220421/2e00675b-e7a2-4c3a-c770-4a24342b89cf. html.
③ 微敦煌.中国航天×敦煌飞天　欢迎宇航员回家！[EB/OL].腾讯网，[2022 - 04 - 16]，https://new. qq. com/rain/a/20220416a02p0900.
④ 刘臻.音乐剧"铁三角"聚首《飞天》，特邀嘉宾阿云嘎献唱推广曲[EB/OL].新京报，[2021 - 08 - 28]，https://www. bjnews. com. cn/detail/163012067414221. html.
⑤ 敦煌　一个井盖上都印有"飞天"的城市[EB/OL].人民网，[2017 - 07 - 31]，http://edu. people. com. cn/n1/2017/0731/c413444-29439648. html.

的璀璨遗珠焕发出勃勃生机,成为带动敦煌市乃至全省文旅经济发展的增长极。同时,在传统观光旅游的基础上,敦煌市形成了以文化演艺、研学旅游、户外运动、文化创意为代表的新业态,"敦煌飞天""酒泉航天"双"飞天"文旅品牌价值不断提升,文化旅游产业连续多年保持两位数的增长速度,为经济社会发展注入了强劲动力。

一、飞天 IP 与中国航天

早在1000多年前,中华民族便诞生了飞天的梦想,一千多年后,在酒泉卫星发射中心,古老的"飞天梦"梦想成真。

酒泉卫星发射中心又称"东风航天城",是我国组建最早、规模最大、技术最先进的综合性航天发射场,也是目前我国唯一的载人航天发射场、世界三大载人航天发射场之一,被评为"首批中国十大科技游基地"。在酒泉卫星发射中心开展研学活动,很多学生从小就在心中种下了航天梦的种子,激发了孩子们内心探索宇宙的航天梦与爱国热情。

从古至今中国人从未停止过对浩瀚星空的探索。2022年,央视新闻和敦煌研究院融媒体中心联合出品的"中国式的航天浪漫",宣传主页背景为莫高窟九层楼夜景。同时"当敦煌飞天遇到中国航天"的话题登上微博热搜榜。

图 3-16 (左)宇航员"飞天"三人组太空组乐队(背景为敦煌壁画伎乐图)
(右)宇航员在太空利用化学反应画出的飞天

　　由中国音乐剧"铁三角"李盾、三宝、关山担任主创的音乐剧《飞天》讲述了"守护人"以单薄之躯、一己之力捍卫莫高窟壁画,"赶路人"不远万里冒着战乱疫病奔赴敦煌的动人故事,通过浪漫诗意的表达将绚烂恢宏的敦煌壁画一一呈现于舞台之上。它既是在"一带一路"倡议背景下对敦煌文化的深挖与发扬,亦是向一代又一代筚路蓝缕、前赴后继的"敦煌人"的致敬。

二、飞天 IP 与音乐剧

　　源自敦煌文化瑰宝的《飞天》不仅是一部音乐剧,更是一个文化符号、一种民族精神。《飞天》则是第一部真正意义上的以"飞天"为题材的音乐剧,作品从哲学与文明的角度出发,以浪漫诗意的艺术手法带领观众跨越时空,进入恢宏璀璨的敦煌宇宙。"飞天"主题音乐会的特邀嘉宾将为现场观众带来音乐剧《飞天》的推广曲。值得一提的是,这首推广曲是特地为此次音乐会量身打造的,将与剧中的其他曲目同步上线各大音乐平台。据悉,此次"飞天"主题音乐会将以线下演出结合线上付费点播、数字专辑发行的形式,满足不同观众的需求,全方位开启对"飞天"IP 的发掘探索。

三、飞天 IP 与城市

　　"飞天"作为敦煌石窟的一个典型形象,如今已经成为敦煌市的一张文化名片,而"飞天"壁画中衍生出的更多内涵已经融入敦煌人的生活中。"飞天"是莫高窟壁画的一大特色,起源于古老的印度神话,是佛教吸收古印度神话及婆罗门教元素所创造的,导游说:"'飞天'的创作与敦煌石窟的开凿相始相终,'飞天'形象几乎每窟都有,且造型多样。其形象实际上为礼乐神,她们手中往往持有不同的乐器,还有的扮演撒花的角色。"飞天元素并不仅仅局限在敦煌,从兰州西客站出发,随处可以看到飞天的形象。兰州西客站着力打造西部高铁"飞天馨路"服务文化品牌。据该站工作人员严雪为介绍,兰州客运段将品牌标识(logo)

融入布制备品、胸牌，通过车门口引导、车厢巡视、解答疑问等服务细节，体现瞬间感动、一路温馨的"西部高铁，敦煌之星"品牌服务特色，在服务过程中推行"敦煌之星四项服务法"，即微笑式服务、倾听式服务、提醒式服务、无干扰式服务，并配置贴心物品，努力打造服务亮点。

夜幕降临，从兰州开往敦煌的"敦煌号"Y667列车中传出阵阵掌声，这是列车工作人员正在为旅客表演节目。舞蹈表演者蒋雪艳说，为了让演出更能体现敦煌特色，每位女乘务员都要学习敦煌舞，跳舞时所穿的服装是依据敦煌壁画中"飞天"形象设计的，丝带飞扬，呈现飘逸灵动之态。值得一提的是，这趟从兰州到敦煌的旅游专列中的"飞天"图案随处可见，墙上的壁画、桌上的餐布甚至窗帘上都有"飞天"图案，其形象形态不一，姿态各异。"飞天"不仅对敦煌的旅游宣传产生了重要影响，更重要的是它已经渗透在敦煌人生活的方方面面。在敦煌，从街道井盖到垃圾桶，甚至入住酒店的地毯，"飞天"形象以多样的姿态出现在人们视野中，它作为一种文化元素已成为敦煌人生活的一部分。

▶ 导读与思考

飞天是敦煌壁画中知名度最高的元素之一。请思考，如何让更多的敦煌壁画元素融入百姓生活，融入城市建设。

▶ 探索实践

传统文化融入城市与生活

1. 请搜集传统文化 IP 在城市文商旅教融合在城市建设中应用的案例，予以评价分析。

2. 请选择一个传统文化 IP，对其如何融入生活与城市提出意见建议。

第四篇

敦煌晚期壁画

　　明代《沙州卫志》述:"敦煌雪山为城,青海为池,鸣沙为环,党河为带;前阳关后玉门,控伊西而制漠北,全陕之咽喉,极边之锁钥。"

敦煌晚期壁画

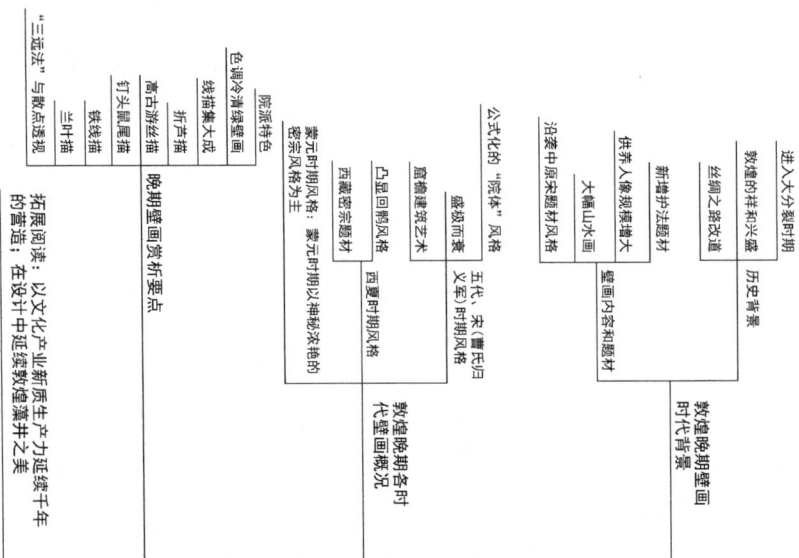

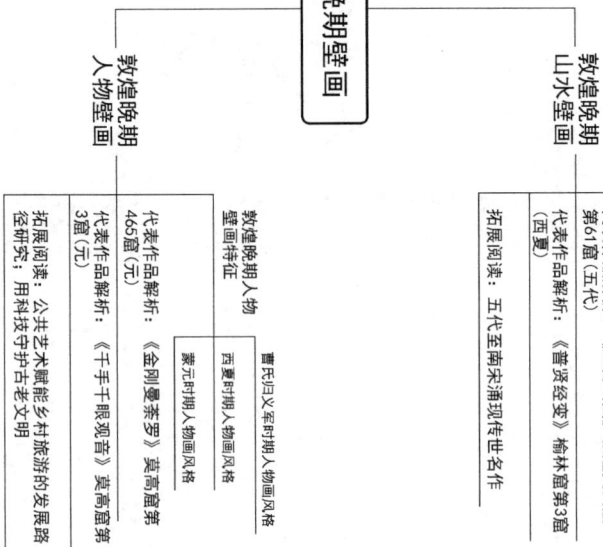

敦煌晚期壁画概述

敦煌晚期壁画时代背景
- 历史背景
  - 进入大分裂时期
  - 敦煌的兴盛
  - 丝绸之路改道
- 壁画内容和题材
  - 供养人像规模大
  - 新增护法题材
  - 大幅山水画
  - 沿袭中原宋代题材风格

敦煌晚期各时代壁画概况
- 代表时期壁画风格
  - 五代、宋（曹氏归义军）时期风格
    - 公式化的"院体"风格
    - 规模盛级而衰
    - 盛唐建筑艺术
  - 西夏时期风格
    - 凸显回鹘艺术
    - 西藏密宗题材
  - 素元时期以神秘浓艳的密宗风格为主

晚期壁画赏析要点
- 院派特色
  - 色调冷清壁画
  - 线描集大成
    - 折芦描
    - 高古游丝描
    - 钉头鼠尾描
    - 兰叶描
    - 铁线描
  - "三远法"与散点透视
- 拓展阅读：以文化产业新质生产力延续千年的营造：在设计中延续敦煌藻井之美

敦煌晚期山水壁画

敦煌晚期山水壁画特征
- 色调温润和流畅
- 画面宏大，山水与人物并重
- 三远法与散点透视

代表作品解析《五台山图》敦煌莫高窟
- 代表作品解析：《普贤经变》榆林窟第3窟（西夏）第61窟（五代）

拓展阅读：五代至南宋涌现传世名作

敦煌晚期人物壁画

敦煌晚期人物壁画特征
- 曹氏归义军时期人物画风格
- 西夏时期人物画风格
- 素元时期人物画风格

代表作品解析：《千手千眼观音》莫高窟第3窟（元）
- 代表作品解析：《金刚曼荼罗》莫高窟第465窟（元）

拓展阅读：公共艺术赋能乡村旅游的发展路径研究：用科技守护千古老文明

图 4-1 敦煌晚期壁画概述

第七讲

敦煌晚期壁画概述

【内容概要】

- 敦煌晚期壁画的历史背景、艺术风貌、洞窟概况。
- 五代、宋、西夏、元时期的敦煌壁画艺术风格。
- 敦煌晚期壁画的鉴赏要点。

第一节　敦煌晚期壁画时代背景

一、历史背景

1. 进入大分裂时期

唐天祐四年(公元907年),宣武节度使朱温逼迫唐哀宗李柷禅位于他,存在了289年的大唐王朝就此灭亡,中国进入了长达53年的大分裂时期,北方出现了后梁、后唐、后晋、后汉、后周,南方则是吴、南唐、吴越、前蜀、后蜀、南汉、楚、闽、南平、北汉十个国家,各个政权相互之间征战讨伐不休,目之所及,饿殍遍野,举目荒凉,史称五代十国。

公元 908 年,因为当时的中原战火四起,唐朝灭亡的消息一年后才传到了敦煌,时任归义军节度使兼敦煌刺史的张承奉,出于对唐朝的忠诚,拒绝承认朱温新政权的合法性,视朱温为篡逆,在各方考虑后,决定割据自立。

2. 敦煌的祥和兴盛

公元 909 年,张承奉建立了"西汉金山国",自称"圣文神武帝",号"白衣天子"。张承奉雄心勃勃,立志要开疆拓土,从敦煌向东西方向两面出兵,一度取得了辉煌的战果,西征西州回鹘取得了"楼兰大捷",向东与甘州回鹘数次大战,双方互有胜负。对外的强硬态度导致"年轻"的"西汉金山国"四面树敌,公元 914 年,张承奉病死,他的妹夫,时任沙州长史曹议金继承了政治权力,取消了国号,重新恢复了归义军的藩镇建制。曹议金励精图治,在仅仅十余年的时间里就成功地脱离了四面树敌的外交困境,重新确立了在河西地区的霸主地位,敦煌地区呈现出一片安定祥和的兴盛局面。曹氏归义军(公元 914 年—1036 年)前后历经了五代、八任,敦煌地区保持了长达 122 年的和平与稳定。

公元 960 年,后周大将赵匡胤发动陈桥兵变,接受了周恭帝的禅让,建立宋朝,混乱的五代时期结束了。宋朝的统一逐渐稳定了政治时局,封时任归义军节度使曹元忠为检校太史兼中书令、西平王。曹元忠故去后,宋庭还追封其为"敦煌郡王",此时归义军与中原王朝的关系更为密切,同时这也是敦煌艺术发展的最后阶段。

归义军作为一个汉人政权孤悬边陲,家族性是其显著特征,自从张承奉之后,归义军凭瓜州、沙州两州之地,数万之民,周旋于甘州回鹘、西州回鹘、吐蕃、西夏等各势力之间,而中原王朝除了能给一个"节度使"的虚名,给不了其他任何具有实际性的援助。所以归义军自张议潮起,在历经晚唐、五代、宋等纷乱复杂的朝代更迭中竟然屹立了 188 年,在这期间还能保持丝绸之路的通畅和所辖区域社会经济的发展，真可以说是一个奇迹了。

宋景祐三年（公元 1036 年），建国于河套平原一带的西夏首领李元昊，趁宋和辽交恶的时机大肆扩张，出兵河西，数次大战后消灭了甘州回鹘，进而占据了肃州、瓜州，最后攻陷沙州，曹氏归义军政权为李元昊所灭，敦煌进入了西夏统治时期。

西夏是党项人建立的国家，因在西北，所以被称为西夏。西夏与宋朝对峙多年，其间始终在学习宋朝文化，与回鹘、吐蕃、契丹等多民族进行文化融合，形成了独特而多元的西夏文化。西夏崇信佛教，统治敦煌长达一百九十余年的时间里留下了近一百个洞窟，但是基本上都是把前代石窟里的壁画与塑像破坏掉之后，加入了党项族的民族特色，重新绘制改造修建而成的。

公元 1205 年，成吉思汗率军攻打西夏，由此开启了蒙古国与西夏长达 22 年的战争。公元 1227 年，蒙古国在灭夏战争中最终占领了沙州，自此开始了敦煌历史上的蒙元统治时代。

3. 丝绸之路改道

元代早期，由于丝绸之路的改道，以及海上丝绸之路的开通，敦煌不再成为东西方联通的必经之地，敦煌不可避免地走向衰败。一直到公元 1280 年，敦煌作为蒙古国铁骑继续西征的大后方，升格为沙州路总管府，进行了大规模的屯田，敦煌的人口得以迅速恢复，经济和文化也随着政治、军事地位的提高而重新繁荣起来。著名旅行家马可·波罗就是在这段时间来到敦煌，并且在他的著作《马可·波罗行纪》中用一个章节记载了当时敦煌城的殡葬仪式，也记录了敦煌丰饶的物产——"这个地方人民的生活必需品非常充足，产品有棉花、亚麻、各种谷物、酒和其他物品"。

元朝统治者也信仰推崇佛教，这为石窟的营建提供了必要的人力和物力条件,这段时间是敦煌石窟营建最后的,也是极为短暂的数十年。元朝灭亡以后,陆上丝绸之路遭到废弃,河西走廊逐渐荒芜,尤其是明朝洪武年间修建了嘉峪关以后,敦煌孤悬关外,莫高窟也随之走向没落,从公元 4 世纪到 14 世纪,延续了一千余年不曾中断的洞窟营建工作戛然而止,画上了一个并不完美的句号。随着时间的流逝,无论是统治者还是老百姓,都很少能记得曾经无比繁盛的敦煌莫高窟了。

随之,敦煌石窟开凿营建到了最后的历史时期,元代犹如回光返照一般,流星划过夜空,一瞬间的绚烂之后迅速归于沉寂,敦煌石窟连续千余年的营建工作结束了。

二、洞窟现状

敦煌石窟晚期壁画是指从五代到元期间的作品,包括五代、宋、西夏、元四个时期,时间跨度从公元 907 年到公元 1368 年,共 461 年。莫高窟现存的晚期洞窟概况如表 4-1 所示。

表 4-1 晚期洞窟概况

时 间	洞 窟 数 量
五代(公元 907—960 年)	莫高窟新建 26 个洞窟
宋(公元 960—1036 年)	莫高窟新建 15 个洞窟
西夏(公元 1036—1227 年)	莫高窟新建 1 个洞窟,重修 60 个洞窟
元(公元 1227—1368 年)	莫高窟新建 8 个洞窟,重修 19 个洞窟
榆林窟	现存晚期洞窟 29 个
西千佛洞	现存晚期洞窟 6 个

三、壁画内容和题材

莫高窟晚期艺术跨越了四个朝代,经历了三个不同民族政权的统治。统治者思想不同,宗教信仰也不同,这就导致每个时代的内容与形式有很大的区别。莫高窟晚期艺术又分为两大阶段:第一阶段是五代以及宋朝(曹氏归义军)时期;第二阶段是西夏与蒙古国这两个少数民族统治时期。出现以下壁画题材。

1. 新增护法题材

第一阶段是五代以及宋朝(曹氏归义军)时期,敦煌的实际统治者是归义军节度使曹议金家族。曹家此时作为敦煌第一大家族,在其统治的 122 年的时间里开凿了很多规模宏大的洞窟,同时也对前期的一些洞窟进行了重建。而且仿照中原的模式成立了专门的官办画院机构,画师、塑匠和石工全部进入画院统一管理,从事专门的开窟、绘制壁画与塑像工作。这一时期壁画的题材主要以经变画、供养人像、故事画、佛教史迹画像以及各种装饰图案居多,出现了四大天王、天龙八部、八大龙王、毗沙门天王这些之前没有的护法题材。

2. 供养人像规模增大

在这段时间里,供养人像的队伍规模与人物身材尺幅越来越大,占据了洞窟整个甬道的位置,画面中除了主要人物之外,出现的人物范围前所未有,不但包括自己的家人、仆役,还包括治下的大小官吏,甚至连已经逝去的上下几代亲人也都出现在了供养人画像的队伍里,这已经不是简单地供养人像了,而是以此昭示这个洞窟是自己的"家庙"。

3. 大幅山水画

这一时期的山水画和中原的表现形式基本一致,从青绿山水的表现风格转变为以水墨山水为主体了。需要特别说明的是,这一时期最重要的是山水作品完成了从"平远山水"向"深远山水"的转变,出现了像《五台山图》这样独立的大幅山水内容作品,并且在画面中完美展现出了中国传统山水画的高超意境。

4. 沿袭中原宋题材风格

晚期第二阶段是西夏与蒙古族这两个少数民族统治时期。因为西夏也信仰佛教,所以在西夏统治敦煌的 192 年里,在莫高窟"修建"了六七十个洞窟,之所以说"修建",是因为西夏时期新开凿的洞窟极少,绝大多数洞窟都是在对前代现有洞窟进行改造后,重新绘制壁画和塑像,所以在洞窟的形制上很少有西夏的特点。西夏无论是在政治制度方面还是科技文化方面都全面学习宋,《宋史·夏国传》记载,西夏的首领李元昊"善绘画""晓浮图学,通蕃汉文字"。因此西夏时期的壁画人物服饰和面貌特征除了具有自己本民族特色之外,几乎和中原宋是一样的。比较典型的就是榆林窟第 3 窟的《文殊经变》和《普贤经变》,这两幅壁画无论是题材还是风格都完全继承了当时中原大画家李公麟的白描人物和马远和夏圭一派水墨山水画的特色。

5. 出现佛教密宗题材

由于元朝的统治者推崇藏传佛教的密宗,所以这一时期营建的洞窟中出现了佛教密宗的艺术,其中典型的就是莫高窟第 3 窟《千手千眼观音》和完全为藏传原始宗教风格的第 465 窟壁画了,这也是敦煌石窟壁画艺术最后的高峰。

第二节 敦煌晚期各时代壁画概况

一、五代、宋(曹氏归义军)时期风格

(一)公式化的"院体"风格

在中国历史上,早在汉朝朝廷就设立了官方的绘画机构,到了唐朝

时随着宫廷绘画的发展,专门在翰林院添设了画师职位。五代时期,后蜀和南唐先后正式设立了官办"画院",远在西陲的敦煌受内地的影响,曹氏政权仿照中原的画院制度,也在敦煌设立了官方的"画院",召集了一批高水平画师和塑匠由画院统一授课,还有一部分专营凿窟、建修事务的人员,都由画院的"都监"统一管理。同时民间也成立了"画行",画院和画行专职肩负着敦煌地区石窟和寺院的营建事务,对佛教艺术进行统一规划和集体制作,所以这一时期的洞窟营建及壁画绘制在洞窟形制的规整性和壁画绘制的精细化方面,远超前代洞窟,开凿的石窟及其画风独特而又高度统一,画院的出现延续了晚唐时期的规范与制式,仍然以经变画为主,这一时期流行的经变题材有 17 种,并出现一些新的内容,如"新样文殊"、五台山图、窟顶四角天王、榆林窟龙王礼佛图像等,成为这一时期敦煌石窟艺术的一个特点。但是,在画院画师或画行画匠的带领下,壁画的绘制过于程式化,在整体图形动态上无所创新,形成了内容细节和用色标准等方面高度一致的公式化"院体"风格。虽然在技术上保持了一定的水准,但是在画面构图和人物形象的公式化现象日趋明显,画面中的诸多人物神情呆板,动作身姿千篇一律,线条柔弱无力,赋彩也没有了往日的斑斓,显得单调乏味,画面虽大,但内容愈加空洞乏味,缺乏基本的艺术生命力,使观者视之味同嚼蜡。此外,画院还设了专门的"知书手"——在壁画绘制完成后,在画面上题写榜文,留下关于画面的一些信息。榜题的增多也破坏了画面的整体性,整个画面显得支离破碎。

（二）盛极而衰

这一时期在山水画、故事画、肖像画等方面稍有所发展,敦煌石窟壁画中的经典形象——飞天的艺术水平和风格特点虽和之前有所不同,但是隋唐时那种创新多变和进取奋发的精神已经荡然无存了。这也标志着敦煌石窟艺术在唐代达到顶峰之后,同样无法摆脱盛极而衰的规律,逐渐开始走下坡路了。

（三）窟檐建筑艺术

除壁画艺术外,这一时期的敦煌石窟艺术中还有一项重要的实物遗存值得特别介绍,就是窟檐建筑。窟檐是建在洞窟门口的崖壁外面的木构建筑,对洞窟能够起到保护作用的同时又具有装饰作用。莫高窟现存这一时期修建木质窟檐五座,窟檐结构统一为正中间开门,左右两边是窗户,八边形的檐柱下有悬挑出崖壁的木质栈道,用来连接其他洞窟。这些窟檐外观古朴,历经 1 000 余年的风雨侵蚀,但主体结构依旧保存完好,可以想象当年莫高窟檐宇相接的壮观景象。

二、西夏时期风格

李元昊在攻打下沙州后,把政治中心东移到了敦煌临近的瓜州,并在瓜州设置了西平军司,这是西夏国十二监军司之一,是西夏政权西部边境的统治中心和稳定周边地区的军事基地,所以瓜州的政治和军事地位十分重要,经济和人口有了一定程度的发展,"民物富庶,与中原不殊",这就为后来榆林窟大规模的开窟造像,提供了较好的经济基础。而地处瓜州以西的敦煌则相反,虽然西夏一度占领了敦煌,但是"沙州回鹘"仍然相当活跃,他们多次遣使至宋朝朝贡,也与东北方的辽朝通好,同时联络各方势力,相互声援,对抗西夏的统治。回鹘人连续不断的袭扰,使敦煌在此后的几十年时间里一直处于战乱之中,统治权时有易手,社会局势长期动荡,必然使经济民生难以发展。不同的历史状况对石窟的营造有着直接的影响,使敦煌和瓜州这两个相邻地区的石窟艺术呈现出很不一样的特征。

西夏统治者崇信佛教,同时大力学习汉族文化。西夏新开洞窟很少,多是改造和修缮的前朝洞窟,洞窟形制和壁画雕塑基本都沿袭了之前的风格,在题材和内容上基本继承和延续了唐、五代、宋时期的经变画和说法图等,创新不多,甚至直接继承和接收了曹氏画院的画工、塑匠的创作风格。中期以后逐渐融入了高昌回鹘的艺术特点,逐渐探索创造出本民族的风格,晚期在吸收中原绘画传统的同时,接收了吐蕃传来的密宗绘画艺术的影响,在构图、造型、线条、敷彩等方面,形成了具有自己民族特点的艺术风格,产生了兼有中原风格和党项民族特征的人物造型,创造了独特的西夏佛教艺术。这一时期的莫高窟壁画艺术分为两个部分。

（一）凸显回鹘风格

一部分的莫高窟壁画有着明显的回鹘风格,比如莫高窟第 409 窟,洞窟壁画中就出现了回鹘王及其眷属的供养像,人物面相椭圆而丰满,直鼻、长眉、细眼,头戴高冠尖头龙纹毡帽,身穿刺绣团龙窄袖袍服,脚蹬毡靴,与现在吐鲁番市柏孜克里克石窟中的高昌回鹘时期的回鹘王形象几乎相同。在画面内容上贫乏且简单,形式上只追求表面的装饰效果而忽略表现的手法和精细,满壁相同的千佛图案、棋格式样的团花和垂幔、火焰纹壶门装饰,以及用描金堆金手法绘制的龙凤图案藻井在西夏壁画中十分普遍,这些内容僵化的同时又表现出浓浓的程式化色彩。在用色方面也十分单调,因为颜料的问题,许多洞窟墙壁上的颜色已经褪色,只留下石绿的颜色,所以壁画整体呈现出绿色调,学者们称之为"绿壁画",成为这一时期的一个显著特征。

（二）西藏密宗题材

另一部分的莫高窟壁画则开凿于西夏晚期,壁画中出现了西藏密宗的内容。这个时期虽然开窟不多,但是新风格壁画的出现,打破了莫高窟暮气沉沉的氛围。西夏学习能力极强,是我国文化史上少见的会真正领悟回鹘、藏、汉等多民族文化意蕴的、农耕兼游牧的部族,有学者指出:"藏传艺术在西夏的传播是西藏艺术真正意义上的东传。这次传播在藏传绘画乃至整个中国美术史上都有十分重要的意义,正是西夏人凭借他们对儒家文化的领悟和对汉地文明的精深见解、对佛教艺术的高度虔诚,将藏传美术与汉地艺术紧密地联系在一起,从而架起西藏艺术进入中原的桥梁,拉开了汉藏艺术空前规模交流的序幕。"西夏留存的藏传佛教艺术作品,除了继承了吐蕃艺术,还吸收了河西走廊上回鹘对藏传佛理解吸收后的成果,然后自己创造出一种融合多民族文化元素的西夏样式。

与此同时,在莫高窟相邻的榆林窟,保存了能代表西夏民族风格的一批精彩壁画,比如榆林窟第2窟的《水月观音》,整幅壁画构图谨严,意境优美,给人的感觉非常高雅。第3窟的《文殊经变》和《普贤经变》无论是从构图还是用笔都带有一种成熟的中原风格,可以看出他们学习了北宋画家的人物造型、辽朝的笔墨构图、回鹘人的色彩装饰,并且通过自己的理解融会贯通,与自己的党项文化融为一体,体现出了多样性和多元性,从而形成了我国美术史上一个新风格——西夏美术风格,这是西夏艺术的客观面貌,也是西夏对中国艺术发展的独特贡献。

三、蒙元时期风格

蒙元时期以神秘浓艳的密宗风格为主。这一时期的敦煌石窟以密宗题材为主,典型的就是集各种线描手法于一身的莫高窟第3窟《千手千眼观音菩萨》,完全属于西藏原始宗教风格的。以《欢喜金刚》为主题的第465窟,这个洞窟里原汁原味的藏系密教壁画色彩浓重鲜明,艺术效果强烈,处处透露着神秘之感,美艳之中隐隐又有一丝恐怖的气息,别有一番境界。这一时期的艺术,无论是形式还是内容都为敦煌石窟增添了新的品类,为敦煌石窟艺术发展画上了完满的句号。

─── 拓展阅读 ───

以文化产业新质生产力延续千年的营造①②

导读：敦煌是城市的名称，也是文化的符号。对文旅融合与产城融汇的探索从未停止过，以一种新的方式继续着。如何打造文化产业新质生产力，促进文商旅教的协同发展，是敦煌在新时代的新课题。

一段沙漠"堵骆驼"的视频冲上热搜，敦煌一时间成为新晋"顶流"，蜿蜒穿行在茫茫大漠里的骆驼大军让网友惊呼丝绸之路盛况再现。敦煌市持续加强文化旅游品牌建设，完善基础设施，优化服务功能，丰富旅游业态，着力提升文旅核心吸引力、影响力，推动敦煌文旅产业全域开花。

阳光和煦，敦煌鸣沙山·月牙泉景区随处可见身着敦煌元素服饰的游客，以雄浑壮美的大漠和驼队为背景，在景区体验旅拍，留下美好的回忆……随着旅拍项目的持续火爆，敦煌鸣沙山·月牙泉景区沙泉共生的自然景观成为旅拍摄影爱好者的打卡圣地。敦煌鸣沙山·月牙泉景区的旅拍项目从起步到成熟，已发展成为一个新兴产业，是敦煌旅游的又一招牌。

2022年敦煌市创新推出了"敦煌文化研学季"这一文化研学品牌。同时，为了让不同年龄段的游客有更丰富、多元、有价值的文旅体验，敦煌市持续开发包装新的研学旅游产品，让游客来敦煌体验到更高的文化价值。敦煌研学已成为敦煌市冬春季旅游的一项

---

① 李晓艳，达冷哈斯，吴亚文.敦煌："旅游＋"让文旅产业全域开花[EB/OL].新华网甘肃，[2024－05－13]，http://gs.news.cn/shizhou/2024-05/13/c_1130143611.htm.

② 张振鹏.文化产业新质生产力的核心要素及其结构形态[J].深圳大学学报（人文社会科学版），2024，41(04)：47－55.

重要内容。敦煌市共推出酒泉市级研学基地 16 家、国家级研学基地 2 家,开发 54 个特色研学课程。

新质生产力是以创新为特点、以质优为关键的先进生产力,文化产业是展现新质生产力特征及其效用的重要领域之一,洞悉其要素构成及结构形态是讨论提升方略的前提。中国文化产业新质生产力最为显性的"五要素"是文化、科技、人才、金融、治理,其分别在内容衍生、文化生产、创意转化、产业循环、协同发展等方面贡献了"新""质"的量能、效能、动能、功能、势能,并组合形成了中国

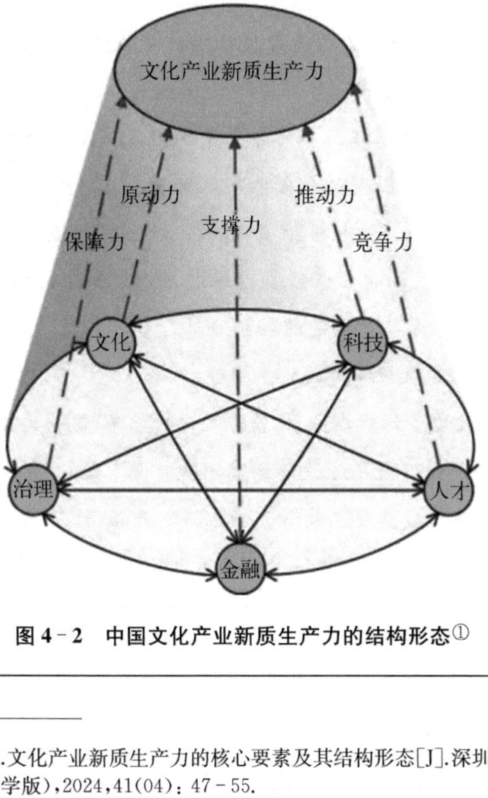

图 4 - 2 中国文化产业新质生产力的结构形态①

---

① 张振鹏.文化产业新质生产力的核心要素及其结构形态[J].深圳大学学报(人文社会科学版),2024,41(04):47 - 55.

文化产业新质生产力的核心要素结构。中国文化产业新质生产力随着"五要素"的不断迭代更新和组合优化,形成了包括原动力、推动力、竞争力、支撑力、保障力的"五力"结构形态。"五要素"创新转化为"五力"体现其结构的整体性,"五要素"的联结交融与"五力"的交互作用体现了其形态的秩序性。

第三节　晚期壁画赏析要点

一、院派特色

归义军节度使曹议金仿照中原的模式成立了专门的画院机构,画师、塑匠等全部由画院统一管理,专门从事开窟、绘制壁画与塑像工作。过于程式化的管理,使得这一时期的敦煌壁画呈现出千篇一律、形式统一的"院派特色"的典型特征。

二、色调冷清绿壁画

西夏壁画艺术早期继承中原风格,中期以后融入了高昌回鹘的特点,晚期受到密宗艺术的影响,形成了党项民族特点的艺术,西夏壁画色彩单调,以石绿色为主色调,整个画面显得冷峻、空远、清幽,有学者将其称为"绿壁画",是西夏壁画的特征之一。

三、线描集大成

莫高窟第3窟的壁画是元代晚期的精品,同时也是莫高窟的压卷之作。两幅《千手千眼观音》壁画笔墨精良,神采动人,在现存的元代壁画中堪称翘楚。线描丰富多变,笔笔有力,设色清淡典雅。整幅壁画使用了中国画史中所涉及的多种线描造型,如用兰叶描、铁线描、折芦描、高古游丝描、丁头鼠尾描、行云流水描等,对线条的运用已经达到了炉火纯青的地步。

四、折芦描

折芦描是中国传统线描技法的一种,线条挺劲,力趋钩踢,凡运笔于转折处均用力顿挫,急行急收,线迹因力所致形似芦苇之断痕,此线描在敦煌壁画中不甚流行,元代第三窟"千手千眼观音像"中集各种线描于一体。

五、高古游丝描

高古游丝描中国传统绘画中最古老的线描画法,因线条纤细圆匀,柔韧而有力,形如游丝,所以又称为"春蚕吐丝描",是描绘中国古代人物衣服褶纹的画法之一。"高古游丝描"这个词语最早出现在明代邹德中所著的《绘事指蒙》,"高古游丝描,用十分尖毫,如曹衣纹"。清代画家迮朗所著的《绘事雕虫》记载:"游丝描者,笔尖遒劲,宛如曹衣,最高古也。""高古游丝描"长于表现小型细丽的画风,也称"行云流水描",在敦煌中唐时期的壁画中广为流行。

六、钉头鼠尾描

钉头鼠尾描是中国传统线描技法的一种,线条落笔时顿笔,形似钉头,收尾时笔毫轻起,线迹头粗尾细,形似鼠尾之细长,故名。此线出现较晚,多见于人物画中衣襟等画法中,其线落笔时用力顿挫,笔力挺拔,干脆利落的运笔是它最明显的特征。

七、铁线描

铁线描是中国传统线描技法中的一种,唐张彦远《历代名画记》中说,于阗画家尉迟乙僧"善画外国及佛像""小则用笔紧劲,如屈铁盘丝,大则洒落,有气概"。因线条均匀,粗细一致,线条流利刚健,形状如屈铁盘丝而得名。

八、兰叶描

兰叶描又称莼菜条,形如兰叶,是传统线描技法之一。元汤垕《画鉴》称:"吴道子笔法超妙,为百代画圣,早年行笔差细,中年行笔磊落,挥毫如莼菜条。"清人郑绩撰《梦幻居画学简明》说吴道子线描"如韭菜之叶旋转成团也,韭菜叶长细而软,旋回转折,取以为法"。

九、"三远法"与散点透视

宋代的郭熙在《林泉高致》中对"三远法"有过这样的总结——"山有三远:自山下而仰山巅谓之高远;自山前而窥山后谓之深远;自近山而望远山谓之平远。高远之色清明;深远之色重晦;平远之色有明有晦。高远之势突兀,深远之意重叠,平远之意冲融;而缥缥缈缈,其人物之在三远也,高远者明了,深远者细碎,平远者冲淡。明了者不短,细碎者不长,冲淡者不大。此三远也"。

高远就是自下向上看,景物是在视平线以上,以仰视的构图手法,表现山峰的高远,使得山势显得巍峨宏伟,山势逼人。平远就是平视地去看世界,由近及远,在平视中表现的是山石的远近关系。深远是一种景物在视平线下的俯视视觉,使景物产生一种深远的感觉,以深为主,从山的前面往山的后面去看。

"三远法"是中国山水画的传统构图法,也是最常用的构图方法,是一种在纵向移动过程中的时空观,作者将这几种不同的透视角度放在同一幅作品中,以不同的视点来描绘画中的景物,打破了西方绘画中以一个视点的"焦点透视"观察景物的局限。由于焦点不同,视点高度也不同,所以就产生了不同的视觉效果。"三远法"是中国画构图中"散点透视"的具体理论细化。

敦煌石窟晚期艺术中莫高窟第 61 窟《五台山图》、榆林窟第 3 窟的《文殊经变》和《普贤经变》等完美契合了画史中的文字记载。

拓展阅读

在设计中延续敦煌藻井之美①②③④

导读：藻井是敦煌壁画中的精华之一,也是敦煌莫高窟装饰艺术重要的组成部分,从人民大会堂的穹顶到和平鸽丝巾的设计应用,这样的设计体现出底蕴和根脉,而文化自信就是要把中国文化渗透到或者运用到生活当中。藻井图案美轮美奂,种类繁多,绘工精致,异彩纷呈,其中蕴含着匠心精神、哲学境界、智慧结晶。请思考,敦煌壁画的藻井图案在现代设计中的现状与前景,以及如何更好地将其融入百姓生活。

"藻井"现多存于敦煌的佛教洞窟中,位于最中央、最高的位置,即洞窟的窟顶。最早的书面记载见于汉代张衡的《西京赋》——"蒂倒茄于藻井,披红葩之狎猎"。《史记·天官书》中注有:"东井八星,主水衡也。"古人认为"井宿"主水,"五行"之中,水

---

① 大西北消息速览.敦煌藻井之美[EB/OL].甘肃省文物局.搜狐网,[2021 - 11 - 22],https://www.sohu.com/a/502778376_121106869.
② 莫高窟参观预约网.在敦煌不只有飞天九色鹿;朋友,藻井了解下[EB/OL].每日头条,[2020 - 12 - 08],https://kknews.cc/zh-sg/culture/3yg5gvo.html.
③ 敦煌壁画 第 257 窟 莲花藻井 北魏[EB/OL].中国佛教协会,[2017 - 03 - 04],https://www.chinabuddhism.com.cn/tp/2017-03-04/5001.html.
④ 《衣尚中国》第十期和合之美以"国际视角"和"融合"实现"美美与共"[EB/OL].北青网.光明文娱,[2021 - 01 - 25],https://e.gmw.cn/2021 - 01/25/content_34569890.htm.

与火相克,殿堂高处置井,既可以用作装饰,也有趋避火邪的象征意义。同时,"藻者,水生之物也","藻"的原意是指水中的水草,也具有灭火的含义。可见,"藻井"二字中表达的防火的意图非常明显。在敦煌莫高窟壁画中,现存大量的藻井图案,从北凉开始,经由多个时代画师们的传承、创新、延续,已成为敦煌文化的明信片之一。藻井是模仿古代穴居建筑的结构发展而成的,就像屋顶上的天花板一样,古代人想要装饰天花板,于是就出现了精致的装修形式——藻井。随着时代的发展,防火功能弱化,并且石窟里的泥土和岩石也不需要避免火灾,"藻饰"的装饰性图案——藻井纹,越来越受到工匠的重视。敦煌壁画的藻井纹样,从简练到丰富,描绘了更庄严宏伟的佛国净地,在历代艺术家的精心绘制下,多达400余项。

一、早期：对自然风物的选取

早期藻井的题材以植物为主,这也是生活中容易获取的素材,例如敦煌的特色水果葡萄。敦煌种植葡萄的历史悠久,自汉张骞出使西域后,葡萄由西亚传入敦煌。再加上敦煌日照充足,沙质土壤,雪水灌溉,非常适宜葡萄的生长。历史外交和自然地理环境的选择,造就了敦煌的自然风物——葡萄。但是葡萄能够被纳入敦煌藻井的艺术体系中,还因为它在外形和寓意上美观而吉祥。葡萄晶莹剔透,营养价值高,果实堆积,视觉美观,又有象征丰收的寓意,于是被选为藻井的题材,是敦煌藻井图案中极具代表性的植物题材。在敦煌壁画中,葡萄纹常作为辅助装饰纹样,起着骨架作用。例如在莫高窟第209窟"葡萄石榴纹藻井"图中除作为边饰外,葡萄纹在藻井中被用作主纹饰。画师将葡萄高度艺术化,四个对角的石榴、八串环绕的葡萄,都是西域的特产,与12片叶子串联在一个闭合的藤蔓上。外边框是小团花和一整二剖的十字花构成的连续边饰。

图4-3 《葡萄石榴纹藻井》莫高窟第209窟[1](左)和
《莲花藻井》敦煌壁画第257窟(北魏)[2](右)

莲花藻井图,位于第257窟,绘于北魏(公元439年—535年)。平棋图案是莫高窟早期洞窟中经常被用于窟顶藻井的装饰,此图案最为独特的是在平棋中心的方格中画了一个宝池,池中荷花蔓生,四个裸体天人在池中游泳嬉戏。用笔虽然简略,但形体描绘得非常准确生动,粗犷结实的形体并不亚于当今的游泳健将。画者将人体浸泡在水中的部分画出,虽没有画出水浪和波纹,但在水中运动的感觉极强。

① 大西北消息速览.敦煌藻井之美[EB/OL].甘肃省文物局.搜狐网,[2021-11-22],https://www.sohu.com/a/502778376_121106869.
② 敦煌壁画 第257窟 莲花藻井 北魏[EB/OL].中国佛教协会,[2017-03-04],https://www.chinabuddhism.com.cn/tp/2017-03-04/5001.html.

二、隋唐时期：更为丰富多样

隋唐时期，敦煌壁画的藻井纹样发展成为方井的层层套叠且以圆形花饰为中心的结构形式；敦煌石窟的隋代藻井图案，是集当时图案精品之大成，极具代表性，它种类繁多，题材丰富，绘工精致，如百花争艳，表现出画工在图案制作中所蕴含的旺盛的生命力。依其样式，可分为四类——斗四套迭方井藻井、飞天莲花纹藻井、缠枝莲花纹藻井、多瓣大莲花纹藻井。除斗四套迭方井藻井为北朝藻井之遗绪外，其余皆为隋代中期以后出现的新样式。

斗四套迭方井藻井，简称套斗藻井，这种藻井是对北朝遗风的延续。它的基本纹样还是三重套迭方井构架，方井中央依旧画着一个圆轮形大莲花，方井四周仍然画着鳞片形的和长三角形的垂帐纹。但如果仔细观察比较，不难发现，除去套斗构架之外，内中

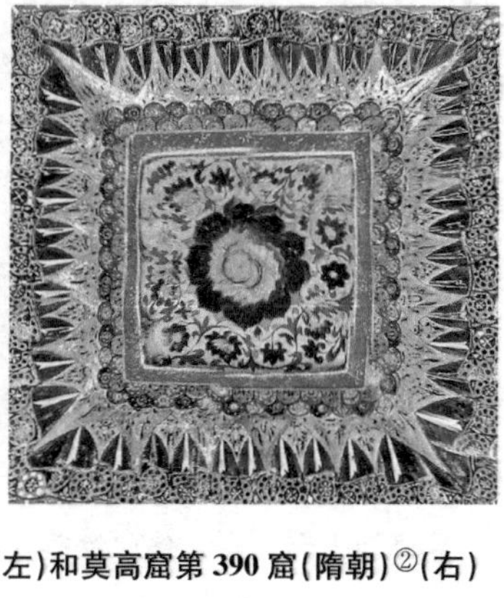

图 4-4　莫高窟第 322 窟(初唐)[①](左)和莫高窟第 390 窟(隋朝)[②](右)

①　大西北消息速览.敦煌藻井之美[EB/OL].甘肃省文物局.搜狐网,[2021-11-22],https://www.sohu.com/a/502778376_121106869.
②　大西北消息速览.敦煌藻井之美[EB/OL].甘肃省文物局.搜狐网,[2021-11-22],https://www.sohu.com/a/502778376_121106869.

主要纹饰都已变为新样,方井中的大莲花,有圆形的旧样,更有八瓣、十二瓣、云形瓣等新花形,有的莲花中还绘有三只白兔、化生童子、旋动的色轮。方井四隅有飞天,还有摩尼宝珠、异兽神灵。方井边饰有忍冬纹、联珠纹。三角垂帐纹精细华丽,围幔襞褶作翻卷风动之状。这些新纹样极大地丰富了隋代套斗藻井的内容和形象。

三、后期:圣物符号的涌现

魏晋南北朝时期,佛教输入,影响不断扩大。作为佛教艺术象征物的莲花,自然被艺术家选用,在发展过程中,敦煌藻井对莲花图案的崇拜达到了一定高度。其他佛教圣物,如天女、菩萨、云纹等,亦出现在藻井图案当中。纵观类型丰富的敦煌藻井纹样,呈现出色彩斑斓之势,但细看就能发现,敦煌藻井用色的种类并不多,常用的颜色有石青、绿、土红、赭石、朱砂、红、黄、白粉等,相对比较稳定。配色方式变化,使得敦煌藻井给人琳琅满目之感。敦煌藻井的配色方式也有着一定规律。

敦煌藻井图案色彩配置中,常使用互补色对比。如这幅团龙莲花藻井,红和绿的强烈对比,鲜艳浓烈,展现出热情洋溢的色彩戏剧感。在调和色调上,虽然常常使用强对比的互补色,但敦煌藻井图案并不让人产生视觉疲劳感。通过调和色调,减弱色相差,又显得协调平和。在九佛回纹藻井的中心,边饰上的绿色,由外向内色彩纯度不一,提升了丰富立体的画面感。

宋元时期《营造法式》中明确将天花的装修分为三类:平闇(àn)、平棊(qí)和藻井,自此以后,"藻井"一词就专指天花向上凸起为穹隆状的结构,其施用场所及位置也有限定,一般为寺庙中神

图4-5 《九佛回纹藻井井心》 安西榆林窟一〇窟(元)①

佛主像的上方或者殿宇中帝王宝座的上方。在清代,藻井装饰更加复杂细致,由图案装饰为主转向雕饰,装饰主题多为龙凤,故清代还将藻井称为龙井。敦煌历代藻井图案随着时间的推移,历史的变迁,科学技术、材料工艺的不断演进,以及与外来文化不断融合而不断发展演变,最终成为中国本土装饰图案体系的组成部分,传承了华夏民族特有的艺术精神。

---

① 大西北消息速览.敦煌藻井之美[EB/OL].甘肃省文物局.搜狐网,[2021-11-22],https://www.sohu.com/a/502778376_121106869.

四、现代设计中应用

常沙娜先生,是常书鸿先生之女,从 12 岁开始就在敦煌临摹壁画。她把敦煌的元素应用到了许多的设计领域,呈现出历史和现在的和合,艺术和设计的和合。在她的设计中,人民大会堂宴会厅的穹顶上描绘着敦煌的莲花图案,通过照明把图案中心结合起来,成为联珠一样的绚丽效果。20 世纪 50 年代,人民大会堂的部分建筑装饰采用常沙娜先生运用敦煌元素进行装饰设计的方案。常沙娜先生在 2007 年敦煌壁画继承与创新国际学术研讨会上讲道:"人民大会堂宴会厅的天花板和门楣装饰,其风格来源于敦煌唐代的藻井装饰,类似盛唐莫高窟第 31 窟藻井的莲花元素,结合了建筑结构、灯光照明、通风等功能,以石膏花浮雕的形式,形成人民大会堂特有的民族形式的装饰风格。"

图 4-6 人民大会堂穹顶中的藻井元素①

常沙娜先生已经 90 多岁的高龄,但是在央视《衣尚中国》的舞台上,却依然风度翩翩,洋溢着活力。敦煌之大在于开放包容,敦

---

① 莫高窟参观预约网.在敦煌不只有飞天九色鹿;朋友,藻井了解下[EB/OL].每日头条,[2020-12-08],https://kknews.cc/zh-sg/culture/3yg5gvo.html.

煌之盛在于主动融合。常沙娜先生认为，敦煌很珍贵的地方，就是它能把每个时代的特点反映出来。她出版的《中国敦煌历代服饰图案》和《中国敦煌历代装饰图案》等著作，那其中一笔一笔描摹和记录下的图案、纹样对于中国设计师的崛起，对于中国设计力量的强大，有着功不可没的作用。在图7-7中她展示了亚洲及太平洋区域和平会议设计的国礼丝巾，将隋代藻井作为边，穿插了敦煌的和平鸽图案，丝巾的光鲜美丽让国际友人爱不释手。常先生将中国传统文化的传承视为自己的责任和信仰，而她对敦煌的热爱也在代代传承。

图 4-7　常沙娜先生(左)在央视节目中展示藻井元素的丝巾①

---

① 《衣尚中国》第十期和合之美　以"国际视角"和"融合"实现"美美与共"［EB/OL］. 北青网. 光明文娱，［2021-01-25］，https：//e. gmw. cn/2021-01/25/content_34569890. htm.

【思考题】

1. 敦煌晚期壁画具有哪些特征？思考各时期的艺术风貌是如何形成的？

2. 敦煌晚期壁画特征与早期、中期分别有何区别？并请思考其原因。

3. 结合第八讲与第九讲的鉴赏作品，举例分析敦煌晚期壁画的赏析要点。

第八讲

敦煌晚期山水壁画

【内容概要】

- 敦煌晚期山水壁画的整体特征。
- 敦煌晚期山水壁画代表作品的背景与故事。
- 敦煌晚期山水壁画代表作品鉴赏。

第一节　敦煌晚期山水壁画特征

一、三远法与散点透视

五代以后山水画逐渐成为中国绘画的主流,北宋山水画家,如范宽、郭熙等在表现雄伟壮观的山水画方面创作出不少经典作品,郭熙还总结了山水画的"高远""深远""平远"三种表现手法的"三远法"——"山有三远:自山下而仰山巅,谓之高远;自山前而窥山后,谓之深远;自近山而望远山,谓之平远。高远之色清明;深远之色重晦;平远之色有明有晦。高远之势突兀,深远之意重叠,平远之意冲融;而缥缥缈缈,其人物之在三远也,高远者明了,深远者细碎,平远者冲澹。明了者不短,细碎者不长,冲澹者不大。此三远也"。

高远就是自下向上看,景物是在视平线以上,以仰视的构图手法,表现山峰的高远,使得山势显得巍峨宏伟,山势逼人。

平远就是平视地去看世界,由近及远,在平视中表现的是山石的远近关系。

深远是一种景物在视平线下的俯视视觉,表现景物深远的感觉,以深为主,从山的前面往山的后面看。

"三远法"是中国山水画的传统构图法,也是最常用的构图方法,是一种在纵向移动过程中产生的时空观,作者以这几种不同的透视角度放在同一幅作品中,以不同的视点来描绘画中的景物,打破了西方绘画中以一个视点的"焦点透视"观察景物的局限。由于焦点不同,视点高度也不同,所以就产生了不同的视觉效果。"三远法"是中国画构图中"散点透视"的具体理论细化。

这一时期最重要的是山水作品完成了由"平远山水"向"深远山水"的转变,出现了《五台山图》这样独立的大幅以山水为内容的作品,并且在画面中完美展现出了中国传统山水画的高超意境。

二、色调温和淡雅

五代以后,山水画逐渐成为中国绘画的主流,敦煌壁画的晚期经历了时局动荡、艺术革新、朝代变迁、民族交融和文化的交流,使得敦煌壁画在绘画风格上结合了中原文化的特点,在色彩色调上更加趋向于温和,同时壁画更加注重其内容,淡化了颜色在壁画中的作用。部分年代的因素和化学本身的效果,使得壁画随着时间的变化获得了第二次生命。

三、画面宏大，山水与人物并重

　　敦煌晚期的山水壁画虽然受到北宋以来中原山水画风的影响很大，却与原来传统青绿山水风格又有所不同，呈现了自己独特的风格。以山水、人物并重的巨作《五台山图》为例，这幅作品的画面宏大严谨，虽然是主题明确的宗教题材壁画，却没有宗教绘画的神秘。作者以鸟瞰的视觉，将重峦叠嶂、绵延千里的山川景色和风土人情以全景式的构图，融汇在一幅画中，将五台山全景尽收眼底，更像是纯粹的山水人物画，但同时又兼具了佛教的性质与地域属性，画中山峰竦峙，林木葱翠，殿宇耸峙，将传统山水画的高远意境体现得淋漓尽致，并把山水画与社会紧密结合成山水人物故事画，令人叹为观止。

　　南宋以后，马远、夏圭等画家们又在近景山水方面取得了新的成就，对山、石、树木的表现细致入微。本窟的文殊变与普贤变中的山水，既体现着北宋山水的雄奇壮阔，在近景的树石中又反映出南宋山水画的一些特色，说明了两宋绘画对西夏的影响。榆林窟第 3 窟《文殊经变》和《普贤经变》就是如此，画中的山水已是典型的北宋水墨山水画样式，同时，人物和山水也达到了完美的契合。

　┌─ **拓展阅读** ─

五代至南宋涌现传世名作[①]

　　导读：敦煌壁画是跨越千年的美学长卷，记录着各个时代的艺术符号，并受到各历史时期的影响。比如敦煌壁画五代与宋时期的公式化和千人一面，与当时民间画院的兴盛关联密切，又比如

---

①　巫鸿.五代至南宋，涌现《韩熙载夜宴图》《千里江山图》《清明上河图》等传世名作[EB/OL].北京日报，[2023 - 08 - 18]，https：//news. bjd. com. cn/2023/08/18/10534182.shtml.

第 61 窟的结构宏阔的《五台山图》标志着敦煌五代壁画山水已经达到了很高的水平，与宋代名画《清明上河图》相得益彰。

在五代至南宋(907—1279 年)近四百年的时间内,《韩熙载夜宴图》《溪山行旅图》《千里江山图》《清明上河图》等传世名作大量涌现的时期,这也是中国绘画史一个特殊而关键的阶段。对绘画史的分期并非基于朝代史或进化论观念之上,而是基于绘画在不同时期的特性,理解每一时代绘画的面貌和趋向。

首先是绘画史结构的变化:中国绘画不再局限于单一政体和社会结构之中。今日的研究者则需要重视更宽广的政治文化地理空间和更复杂的时间线索,考虑多个政权下的绘画实践和艺术交流。作为中国绘画史的新阶段,这个时期见证了系统的绘画分科的产生,而画科的细化又隐含着绘画实践的进一步专业化。

关于绘画的社会性和赞助系统以及画家的身份和工作环境,五代至南宋这一时期也见证了一个极其重要的变化,即中央朝廷和地方政权对绘画创作越来越深的参与,以及由此导致的绘画创作的行政化和机构化,甚至在遥远的西北,敦煌地区的归义军政权也设立了画院机构。

第二节　代表作品解析:《五台山图》
敦煌莫高窟第 61 窟(五代)

一、壁画背景

五台山位于山西省忻州市,《名山志》记载:"五台山五峰耸立,高出云表,山顶无林木,有如垒土之台,故曰五台。"又因为山上气候

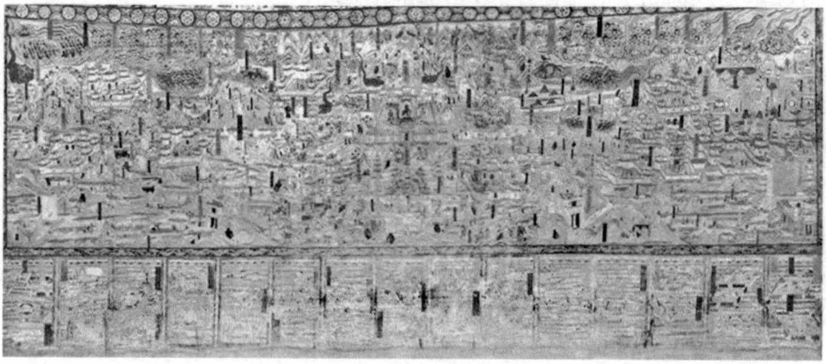

图4-8　《五台山图》　敦煌莫高窟第61窟(五代)

多寒,盛夏仍不见炎暑,故又被称为清凉山。根据佛经记载,五台山是文殊菩萨讲经说法和居住的地方,所以五台山也是中国佛教四大名山之一。

　　东汉明帝时期,印度高僧迦叶摩腾和竺法兰通过"白马驮经",将佛教传入中原,后在游历时来到五台山,《清凉山志》记载:"在大塔左侧,有释迦佛所遗足迹,其长一尺六寸,广六寸,千幅轮相,十指皆现。"他们二人不仅在五台山发现了释迦牟尼的足迹,而且还发现了"佛舍利",于是二人就地建寺,将其命名为"大孚灵鹫寺",这座寺庙与洛阳白马寺同为有记载的中国最早的佛教寺院。南北朝时期,五台山佛教的发展出现了第一个高潮。北魏孝文帝对灵鹫寺进行了规模较大的扩建,到了北齐时,五台山寺庙猛增到二百余座。此时,关于五台山的记载已在北齐史籍中大量出现,五台山开始成为中国佛教的中心,深受佛教徒和广大信众的敬仰,他们不断前往巡礼供养。到唐朝时,朝廷颁布规定,全国所有寺院都必须供奉文殊菩萨像,五台山佛教的发展出现了第二个高潮,全山寺院已经多达三百余所,最多时僧尼达万人之众。寺院的兴旺发展对社会政治和经济造成了极大的负面影响,于是唐武宗下诏废佛,拆毁寺庙,勒令僧尼还俗。到了北宋时期,五台山还有寺庙72所,可以想象当时五台山作为佛教圣地的鼎盛。

二、壁画故事

　　敦煌莫高窟第61窟又名"文殊堂",是时任归义军节度使曹元忠和他的夫人翟氏的家族功德窟,这幅绘制于主像"文殊菩萨"背后的《五台山图》规模空前,是一幅通壁大画,整幅壁画高3.42米,宽13.45米,是描绘了1 100年前五台山作为文殊菩萨道场的宗教氛围和世俗生活的风情画卷,同时也是敦煌壁画中现存最大的山水人物壁画,更是在我国美术史上占有重要地位的一幅作品。

　　这幅《五台山图》属于佛教史迹画,描绘了从山西五台县经太原城到河北镇州(今河北正定县)沿途250千米内的山川地形和社会风情,全画有寺庙、村舍、城郭、屋舍、亭阁、楼台、佛塔、桥梁等各种建筑190余处,佛和菩萨的画像20身,僧俗人物428位,乘骑驼马48匹,运驼13峰,榜提195条。途中山峦起伏,道路纵横,五台并峙,正中一峰最高,榜题有"中台之顶",两侧有"南台之顶""东台之顶"等四座高峰。五台之间遍布大大小小的寺院和佛塔约六七十处,其中包括有榜提注明的"大法华之寺""大佛光之寺""大清凉寺"和"大圣文殊真身殿"等16所大寺,其中众多高僧说法,朝山送贡,信徒巡礼,香客们三五成群,结队而行,经山城,拜寺塔;还形象地描绘了当时五台山地区的社会生活——老百姓推磨、割草、饮蓄、舂米,商家开设客店商铺,正在迎来送往的场景。画中"灵口之店"旁,数人正在用"杠子"压面,反映出当时山西地区面食的风行……整个场景将艺术的想象和现实生活结合在一起,将宗教神灵和世俗人物绘于一壁,远观气势神圣庄严,近看则是真实的社会生活场景,庄严肃穆,同时散发出浓郁的生活气息,这幅如此罕见的古老而巨大的细微全景式象形地图,是研究我国古代政治、历史、地理、佛教、交通、民俗文化的珍贵资料。

三、作品鉴赏

关键词：最早的全景式象形地图；鸟瞰透视

从初唐时期莫高窟第 323 窟佛教史迹画中的"平远山水"到第 217 窟的《化城喻品》，之前作为人物背景的山水画产生了深远辽阔的空间感。到了五代时期的第 61 窟的五台山全景图，山水画在敦煌石窟壁画中逐渐摆脱了早期作为背景的功能，进一步取得了独立的地位。若说宋代名画《清明上河图》以描写细腻著称，那敦煌第 61 窟的《五台山图》就应以结构宏阔而受到重视。它的出现标志着敦煌五代时期山水壁画已经达到了很高的水平。

作者以丰富的想象力和高超的绘画技艺，将现实景象与想象结合起来，用鸟瞰式的透视法将重峦叠嶂、绵延千里的山川景色和风土人情汇集于一壁，在笔墨上，这幅画"笔简形具，得之自然"。在赋彩上以石绿和赭红两种颜色作为主色调，色彩的浓淡深浅变化和层次丰富的晕染，使画面色彩显得丰富而自然，充满装饰意味。在构图上，作者精心经营和组织，各类场景聚散自如，远观有磅礴的气势，近看有真实生动的情节。传统中国山水画的写意情趣在这幅《五台山图》中已见端倪。

要特别指出的是，1937 年，我国古建筑学家梁思成先生和梁徽因先生，在研究《五台山图》时，看到壁画中标记为"大佛光之寺"的寺庙中有一座以前未曾见过的亭阁式宝塔。于是梁、林二位先生前往五台山，按图索骥，寻找他们在敦煌壁画中看到的唐代寺庙——大佛光之寺。功夫不负有心人，他们不但找到了建于唐大中十一年（公元 857 年）的，我国现存唯一的唐代殿堂式木结构建筑——大佛光寺东大殿，而且找到了与壁画中一样的宝塔——位于大佛光寺内的建于北魏时期的祖师塔。这个发现轰动了中外建筑学界，推翻了学界长期以来"中国没有留下唐代建筑"的论断，被外国学者称誉为"亚洲佛光"。在考察测绘的过程中,林徽因先生偶然发现了殿凤梁底部"佛殿主上都送供女弟子宁公遇"的字样,梁思成先生在文章中写道:"这所古老的佛殿是由唐代一位妇女捐献的! 千年之后,年轻的女建筑学家,也是一位妇女,成为第一个发现了这座中国古代最难得的珍贵唐代木构庙宇之人,这显然并非只是巧合。"这是两位同样为了理想与信念执着坚韧付出的女性,历经千年时光后进行跨越时空的对话……

作为佛教艺术作品,这幅《五台山图》虽然也画出了神异感应等,但与宗教神秘气氛浓郁的经变画不同,它是一幅生动形象的历史地图和山水人物名胜相结合的现实主义艺术佳作。画面里,山峰耸立,树木葱郁,山高水远,林木扶疏,道路纵横,楼阁相映,云霞飘漾,瑞鸟飞鸣。五台山这片风景优美的佛教圣地,吸引了远近无数巡礼朝拜的人们。此时,观者仿佛身处五台山的清晨,眼前山高水长,云淡风轻,重峦叠嶂起伏,山间清泉潺潺。溪水清澈见底,处处山花烂漫,绿草如茵,清凉的山风拂过山巅,金色古莲在山巅盛开,一切都显得那么生机勃勃。初升的朝阳穿透缭绕的薄雾,洒在寺庙上的飞檐上,金光闪闪,犹如佛光普照。晨钟暮鼓声唤醒了沉睡的山林和大地,也唤醒了虔诚的信徒,僧侣们于晨光中行走,穿梭在寺庙之间,脚步轻盈,仿佛破坏了山间的宁静。当古寺悠扬的钟声伴着此起彼伏的诵经声在山谷间回荡,仿佛穿透了时空,以最纯净的姿态,迎接着每一位朝圣者。

五台山,它不仅是一座山,更是一段历史、一种信仰、一份宁静。

第三节　代表作品解析:《普贤经变》 榆林窟第3窟(西夏)

一、壁画背景

榆林窟位于莫高窟以东约120千米的瓜州境内,从洞窟形式、表现

图 4 - 9 《普贤经变》　榆林窟第 3 窟(西夏)　赵俊荣　临摹

内容和艺术风格方面来看,是莫高窟艺术的一个分支,所以榆林窟也是莫高窟的姊妹窟,学界统称为敦煌石窟。

　　榆林窟第 3 窟开凿于西夏统治瓜州的晚期,是这一时期艺术上最成熟,也是最典型的洞窟,壁画内容具有典型的西夏佛教兼容并蓄的特征:以汉族信仰的大乘显宗为主要内容,以藏族密宗为辅,而密宗内容又以藏密为主,以汉密为辅。

　　在第 3 窟的顶部和中间,绘有藏密《金刚界曼荼罗》和《五方曼荼罗》，南北侧的墙壁上分别绘有汉密的《五十一面千手千眼观音曼荼罗》和藏密的《胎藏界曼荼罗》以及汉族大乘显宗的《天请问经变》《观无量寿经变》《普贤经变》《文殊经变》等内容，还在各壁上穿插绘制了反映西夏社会生活现实的各种内容，有人物、动物、植物、乐器、兵器、法器、建筑、各种交通工具，犁、锄、耙、镰、锯、斧、熨斗、船只、耕牛等生产工具，以及舂米、打铁、酿酒、耕作、挑担等生产活动，还有其他"冶铁手""酿酒手""牛耕手"等百工百艺的形象，这些都真实地反映了当时西夏社会的生产和生活场景，同时又具有很高的科技史价值。

从洞窟的壁画内容可以看出，作者努力想把各宗派的内容结合在一起，从而迎合不同民族的信仰和审美需求。西夏的出现和其文字一样，仿佛是在某一天早上，突然就出现在了人们的眼前，关于西夏的传说散发着神秘感，这种神秘感充分体现在其壁画中。

二、壁画故事

这幅《普贤变经》与门北的《文殊经变》相对而望，整体的结构与画风完全相同。《普贤经变》是敦煌佛教经变画之一，是与《文殊经变》是相对称的题材。

普贤菩萨是中国佛教四大菩萨之一，常侍于释迦佛的右侧，坐骑是一只长有六根牙齿的白色大象，与乘青狮的文殊菩萨相对出现，合称为"华严三圣"。《文殊经变》和《普贤经变》是自唐代以来长盛不衰的壁画题材，而西夏晚期的这铺《普贤经变》，使这一题材的绘画达到了艺术最高峰。

这铺壁画描写的是普贤菩萨率领一众眷属，离开自己的灵山道场，巡行于云海之间。画中普贤菩萨乘骑四蹄踏着莲花的白象，手执梵夹，舒右腿半跏坐于莲座上，头戴宝冠，神情优雅，神态悲悯地俯视着下界。冠带、裙裾、璎珞随风飘扬，月轮般的头光和身光，更加突出了普贤菩萨的飘逸洒脱。普贤身旁的从众有菩萨、天王、罗汉和道教化的天人，众人环绕菩萨,乘云巡行于云海之上,脚下云浪翻滚,圣人驾云在半空疾行的动势跃然壁上。菩萨四周的帝释天、天王武士等疏疏落落、怡然自得地漫步在云海之间,四周群山耸立,云霭飘漾,瑞鸟飞鸣,古刹藏于幽谷之间,彩虹横跨山峦之上,众人置身于秀丽的山川和云空之中,以自然的风光烘托出一个旖旎灵奇的神佛世界。

在菩萨左侧波涛滚滚的崖岸上,出现了并非来源于佛经的《唐僧取经》的内容,画中一个僧人正在双手合十,礼拜普贤菩萨,在僧人的身后,一个猴面人身的行者虽然龇牙咧嘴,仰头望天,但是双手却合十,向菩萨做礼拜状。旁边白马鞍鞯上盛开着莲花,莲花上放着光芒四射的经包,说明是已经取经返回中原。这个场景的出现,说明当时流行的三藏西天取经的故事也成为壁画绘制的题材。这是我国迄今为止最早的以唐僧取经故事为内容的绘画作品。

三、作品鉴赏

关键词:山水画样式,白描造型,三远法

这幅画尺幅巨大,场景表现则更是宏大。首先是将人物推至较远的视觉空间,使其处在一个优美辽阔、壮观而深远的背景中,给观者带来一种身居高处,鸟瞰全景的感觉。其次是用很大的画面描绘山水风景,画家继承了中国山水画的优秀传统,充分运用勾描、点染、墨晕等技法,以线条勾勒出山脉的形状定势和纹理,用淡墨渲染烘托出山体的阴阳背向和空间层次。

落实到具体表现手法上,作者用成熟自如的线描笔墨对人物进行造型,铁线描、兰叶描、拆芦描、钉头鼠尾描并用,整幅画面虚实有度,刚柔相济,自然得体,壁画整体为水墨晕染与白描淡彩绘制,人物赋蓝色、绿色作底,赋色极为简淡,造型注重用线造型,辅以晕染。这种画法由唐代吴道子首创,宋代李公麟发扬光大。图中云气采用双勾,人物造型比例匀称，衣冠明显已进一步中国化，甚至略具道教人物的意味。无处不标志着中国佛画的民族化已进入一个更深刻的时期。在壁画内容、构思构图、表现手法和风格等诸方面，与唐宋时期的同类题材相比都有了很大的变化和发展，表现出其自身的特点。画面上方，远处的天际间有奇峰突起，峰峦嵯峨，雾锁山腰，云海腾腾，遥远天际的流水平缓悠然，弯曲的河岸、水流潺潺，山后一马平川，遥望无际，山峦楼宇隐现于烟云之中。近处奇峰怪石，突兀崛起，山岩间峰阁错落，重檐叠阁，远山瀑布直落，近溪涓水潺潺，楼阁水榭曲径通幽，竹舍茅亭清净简朴，用精湛的墨线与淡雅的晕染表现出高远深幽之感，使画面更加自然。作者发挥自己无限的遐想，营造出一个神灵与自然相结合的境界。"树木葱茏、殿阁参差、寒汀远水、迢迢长路"，这些都是典型的北宋水墨山水画的样式。从壁画中可以看到，作者对透视关系有着深刻的认识，力求在画面中追求山水的高远、深长、平远意境的统一。

这一时期中原文人山水画进入了高速发展时期，这幅壁画在人物画上与中原著名画家李公麟、武宗元的风格一致，在山水方面又继承了马远、夏圭一派水墨山水画的传统，追求"山高地阔，目及远山"的山水画表现形式。这是一幅规模壮观，气势恢宏、意境深远且极具艺术性的佳作。而类似于这样人物和山水相结合得这么完美统一的画面在敦煌还是第一次出现，说明宋朝对西夏文化的影响是方方面面的，同时也给佛教艺术注入了新的生机。

【思考题】

1. 敦煌晚期山水壁画的特征有哪些？这些特征是如何形成的？

2. 请思考敦煌晚期山水壁画的特征与早期、中期分别有何不同之处，并分析其原因。

3. 结合历史背景、艺术风貌及鉴赏要点，评析本讲的代表作品。

第九讲

敦煌晚期人物壁画

【内容概要】

- 敦煌晚期人物壁画的整体特征。
- 敦煌晚期人物壁画代表作品的背景与故事。
- 敦煌晚期人物壁画代表作品鉴赏。

第一节　敦煌晚期人物壁画特征

一、曹氏归义军时期人物画风格

　　由于与周围的少数民族有密切的关系,加上敦煌独特的地理位置,不同民族的文化相互融合、碰撞,这一时期的敦煌形成胡汉杂居的局面,所以大量粟特人、维吾尔人和于阗人等胡人供养者的形象出现在了壁画中。由于曹氏家族与甘州回鹘,于阗回鹘有联姻关系,所以画像中出现了数位回鹘公主的画像。比较典型的有莫高窟第98窟,出现了于阗国王和皇后以及侍从像,回鹘公主及曹氏眷属像以及归义军衙门各级官吏群像。人物身份范围之广,是之前从来没有过的,已经从最初表示开窟供养做功德变成了彰显身份和权势地位的表现。

这一时期的另外一个显著特点的是出现了佛像画或尊像画,如窟室顶部的四个角分别绘制了四大天王,用以"镇窟",龛内侧整齐地分布天龙八部,以示侍卫。还有新题材八大龙王、毗沙门神、龙王武士像等等。

二、西夏时期人物画风格

尊像画是西夏时期石窟壁画的主要题材。这一时期莫高窟出现了与吐鲁番高昌回鹘时代柏孜克里特石窟西州回鹘时期相似造型风格的艺术作品,其中 409 窟的回鹘王及眷属供养像就是别具风格的肖像画。所画人物面相丰圆,王者戴龙纹白毡高帽,穿团龙袍,长勒毡靴,腰束革带,身后有仆从张伞,武士捧持兵器。女像头饰博鬓冠,穿翻领红袍。到了西夏晚期,出现了少数党项族女供养像,面相条长,戴步摇冠或毡冠,穿窄袖衫,着弓形履。这大体上是从中原汉族改变而来的,即所谓的"改大汉衣冠"。从中也能看出,经过多年的学习和融合,中原文化已经完全影响并改变了西夏的文化。

三、蒙元时期人物画风格

元代敦煌壁画的内容上密教题材十分突出,这个时期虽然开窟不多,但是就其艺术本身而言,开创了新的形象和风格,打破了敦煌石窟晚期沉寂的气氛,是很有积极意义的。

这段时期供养人画像也仅数处,男性人物面相宽而肥,头戴笠帽,身穿窄袖袍服,脚蹬毡靴,女性头戴顾姑冠(蒙古族已婚妇女的冠帽,是蒙古族传统服饰的典型代表之一),身穿绣衣,长裙拖地,身后有二女奴提携,这就是典型的蒙古族服饰。元代的供养人画像在人物造型和衣冠服饰上表现出鲜明的民族特色。

┌─ 拓展阅读 ─────────────────────────

公共艺术赋能乡村旅游的发展路径研究①

导读：虽然持续千年的石窟艺术营造于元代画上句号，但艺术创作从未在河西走廊这片热土上停滞。以甘肃瓜州戈壁滩上《大地之子》为代表的公共艺术作品群，成为新晋网红旅游打卡地，带动着乡村旅游。让我们共同关注与思考这新时代的营造。

乡村旅游为乡村发展带来了巨大机遇。在促进农村产业结构调整、拓宽就业渠道、提高农民积极性、提高精神文化与生活水平等方面具有积极的作用，是实现乡村振兴的重要抓手。

一、公共艺术与乡村发展

（一）公共艺术概述

公共艺术起源于美国费城实施的"百分比艺术计划"，发展之初就参与到世界各地的城市建设，旨在解决城市发展中的问题，因此，长期以来被认为是"城市的艺术"。② 公共艺术是指公共空间中不限于壁画、雕塑、装置及艺术行动等有形与无形的艺术类型，强调艺术的公益性和文化福利。

（二）"公共艺术＋"对乡村发展的价值

随着公共艺术的不断发展，公共艺术关注领域逐渐从城市转向农村和贫困社区。③ 总结相关研究者成果可以发现，公共艺术对

└──────────────────────────────────

① 肖金志.乡村振兴战略下"公共艺术＋乡村旅游"发展路径研究[J].甘肃农业.2023(07)：54-58.
② 孙振华.公共艺术的乡村实践[J].公共艺术，2019(3)：32-39.
③ 卢健松.当代公共艺术与乡村人居环境的自组织发展[J].中外建筑，2012(10)：32-39.

乡村的价值主要体现在：一是提升乡村环境，改善乡村面貌；二是修复乡村文化，温暖乡愁记忆；三是增强乡村自信，激发认同感；四是驱动乡村经济，增强造血功能；五是提高乡村关注度，促进城乡交流。

二、"公共艺术＋"对乡村旅游的影响与价值

（一）"乡村文化＋公共艺术"营造乡村旅游新的吸引力

乡村旅游吸引力包括自然因素的吸引力、人文因素的吸引力等。自然因素的独特性更容易转化为旅游吸引力，然而无论是否存在所需要的自然资源，都可以通过人为创造形成与文化相关的吸引力。

（二）巧借公共艺术创意，创造乡村旅游深度体验

随着旅游业深入发展，旅游产品从最初单纯的观光式游览发展到注重游客精神熏陶与身心愉悦的旅游体验，重视游客在旅游活动中的互动性和参与性。乡村田园、建筑聚落、生产生活方式、饮食与风俗习俗等通过文化创意，与公共艺术深度融合，"创造出感性的情景，具有地方感性的质感"[1]的乡村文化综合体验，在乡村共同情感的作用下，使游客体验乡村旅游的乐趣。

三、"公共艺术＋乡村旅游"融合发展的路径

（一）突出乡村特色，系统合理规划

尊重乡村自然发展规律，在保护自然环境和乡村文化的前提下，合理规划设计乡村旅游中的"公共艺术"。不同区位的乡村，历

---

[1] 肖金志.剧场化空间的感知[D].天津美术学院，2013：14－15.

史、自然、经济及交通条件各不相同,坚持"突出特色,发挥优势,增加记忆度"的原则,利用"一村一规划""一村一设计"的方式,充分体现了当地村庄的优势与特色,建设独特且内涵丰富的旅游村庄。

(二)加强政府引导,广泛宣传推广

公共艺术与乡村旅游融合发展,更需要发挥地方政府的宏观引导作用,建立标准化及特色性的制度体系,审核乡村制定的工作计划,为建设筹资或提供资金,进行有效的监督,为公共艺术融合乡村旅游营造良好的环境。

(三)重视人的价值,拓宽合作途径

通过政策宣传吸引人才,鼓励文化艺术人才志愿者定期到乡村服务,支持"文化创客"人才参与乡村建设,利用自身的技艺和才能,发现、保护和拯救乡村文化遗产,设计创意文创、伴手礼及开发乡村旅游体验产品,同时借助互联网进行推广,为乡村振兴注入新鲜血液。清华大学美术学院教授董书兵在甘肃瓜州戈壁滩上创作的公共艺术作品《大地之子》,熟睡的婴儿形象与荒漠形成鲜明对比,吸引了众多的游客来此参观,同时在抖音、小红书等社交媒体平台引发了关注与热议,当地便以此为契机,推动旅游经济的发展。乡村为高校师生创作提供了广阔的展示舞台。

第二节　代表作品解析:《金刚曼荼罗》
莫高窟第465窟(元)

一、壁画背景

印度密教是大乘佛教发展到后期的产物,随着佛教传入中国。

图 4 - 10 《金刚曼荼罗》 莫高窟第 465 窟(元)

　　密教分三条线路传入中国,由于传播路线地域历史文化背景的差异,密密在传入中国后形成了三个风格不同的派别——汉密、藏密和滇密。而莫高窟第 465 窟是典型的藏传密教艺术,在莫高窟现存洞窟中仅此一窟。整个洞窟的壁画艺术表现手法精湛,用色大胆,风格古朴,内容和形象充满诡异而神秘的色彩。就其内容和题材来说,是研究藏传密教不可多得的珍贵资料。

二、壁画故事

莫高窟第 465 窟是一座藏传密教中的瑜伽密石窟，是密教仪轨修行的场所。

在洞窟的四面墙壁上，一共画了十一铺"曼荼罗"。"曼荼罗"是宗教术语，根据梵文音译而来，有两种含义：一是"坛"，又可以叫道场；二有发生、聚集的意思，即筑方圆之坛，安置诸位尊者，或图画诸位尊者，聚集诸位尊者大德。

整个洞窟布局考究、形象神秘，壁画中佛陀威严慈善，金刚沉稳凝重，菩萨动态优美，身体造型准确、线描细腻、均劲、细致、精湛，色彩运用大胆，浓重鲜明，对比强烈，美艳之中令人生畏，表现出一种狞厉之美，具有浓厚的波罗蜜教文化风格，是 13 世纪我国藏族艺术的优秀作品，为敦煌艺术增加了新的品类。

每铺"曼荼罗"的结构大体相似，即居中画大幅主尊像，主尊像四周有数目不等的小幅图像，将主尊像围在中间。窟中各种造像，如佛陀的各式手印、菩萨的多臂多手，手中的种种法器，特别是各种金刚护法的造像，从发式、冠式、眼、目、耳、鼻，再到服饰、莲花座、站立姿势等，无不具有一种神秘感。这其中，金刚明王更具神秘感。明王在藏密中是光明的意思，用白话文解释就是佛陀的"忿化身"，是指佛陀发火后变身的样子，所以明王表现出的是一种震撼人心的狞厉美。

三、作品鉴赏

第 465 窟的壁画受到来自西藏萨迦派密宗艺术的影响，艺术风格古朴，融合了印度和藏地风格，是西藏以外现存最早、最完整的藏传佛教壁画，其中的一些双身图像则不见于传统的藏传佛教造像体系，藏传佛教中称其为"喜金刚"或"胜乐金刚"，指的是佛以大无畏的气概和猛烈的力量,降服魔障,从内心生发出欢喜之意。

此种造像在西藏并不鲜见,但在敦煌雍容大气的宗教氛围中突然出现这么一个"生猛泼辣"的洞窟,就显得神秘而突兀,给人视觉上的震撼想必是很大的,也会引发人一探究竟的好奇心。

画面在色彩方面的藏风较重,用色浓重,线描似乎也受汉地的影响,人物姿态优美,绘制精心,一丝不苟,只因历史的久远,许多面貌已非当初。画面中,金刚的造型与近代藏密艺术有很大不同,既与现存西藏古格壁画风格不同,也与近现代西藏寺院的画风相异。而且在莫高窟,这样风格的壁画是个孤例,因此,这种风格更具艺术价值与历史价值。

第三节　代表作品解析:《千手千眼观音》 莫高窟第 3 窟(元)

一、壁画背景

观音菩萨作为佛教尊像,是西夏和元代将近三百年间石窟壁画的主要题材。

"千手千眼观音"的全称是"千手千眼观自在",在密教中是最重要的菩萨。"观自在菩萨听佛说法,为利益一切众生,乃发具足千手千眼之愿,而即刻得其身,生出千手千眼,千眼能观众生之苦,千手能济世间众生之难"。所谓"千手各有一眼,千眼照见,千手护持"。

第 3 窟是莫高窟元代最重要的代表窟,也是莫高窟现存的唯一以观音为主题的洞窟。

二、壁画故事

莫高窟第 3 窟面积不大,是当时比较典型的"覆斗顶"(就像是一个

图4-11　《千手千眼观音》　莫高窟第3窟(元)　赵俊荣 临摹

装粮食的斗倒扣在地上,故名覆斗)殿堂窟,南、北壁都绘制着十一面千
手千眼观音菩萨及其眷属。观音菩萨曾经为救度众生而发愿具足千手
千眼之神通,"千眼遥观,千手接应",这一形象是象征着观音能观众生
之苦,济众生之难。画面中分别绘出观音菩萨温和、慈悲和忿怒之相、
千手排列成圆圈,形如光轮,每只手中均绘有一只眼睛。帝释天、大梵
天、辩才天、婆薮仙、毗那夜迦和火头金刚等眷属围绕,还有飞天持花供
养。窟门两侧绘有施宝观音和施甘露观音。观音仪态潇洒,足踏莲花
凌空而下,周围祥云紫绕。北侧观音手掌向下,抛撒玛瑙、珊瑚、金银等
宝物,下方有穷人在举双手承接;南侧观音手持净瓶倾洒甘露,其下有

饥渴饿鬼仰头承接。此所谓"甘露济饿鬼,七宝施贫儿"。

观音共有十一面,头叠在一起,高举一化佛于头顶,形似一座宝塔,正面有三只眼睛,菩萨面相丰润,目光笃定,神态端庄。头戴宝冠,腰系长裙,立于莲花座上,随身的璎珞服带随风摇曳。以菩萨为中心,千臂千手,各持法器,舒展开来,多层组成一个大的同心圆,像是一只齿轮,巧妙地组成圆形法光,成为观音像的背光。手掌的形态各异,有的伸展,有的半握,每只手掌中都有一只眼睛。绘者采用铁线描手法,将手臂的丰腴和手姿变化的灵动表现得细腻生动。菩萨的上部有持花供养的飞天,外层有吉祥天女、中国道教仙人形象的婆薮仙、护法的火头金刚、毗那夜等围绕一周。《千手千眼》传达的是人世间所需要的博爱与善念,也是人们追求的精神内涵,教会人们在繁杂的社会中回归内心的宁静与善良,表达了对心存善念、关爱他人、互相帮助的美好愿景。

在中国古代,画师们在给庙堂绘制壁画后,很少会在画作上留下自己的名字。在敦煌石窟现存的从公元 4 世纪到 9 世纪的壁画、出土的文献和壁画的题记中,关于作者的身份信息的资料仅仅只有 40 余条,而有名有姓的壁画作者仅有平咄子等 12 人。而这幅"千手千眼观音"壁画却在最下方的墙壁上明确留下了"甘州史小玉笔"的题记,所以有专家推断这个洞窟的壁画作者可能是甘州(现甘肃省张掖市)的画工史小玉,在至正十七年(公元 1357 年)左右绘制的。敦煌的前辈画师们,在阴暗潮湿的洞窟里日复一日、默默无闻地奉献着自己的虔诚之心。尽管他们没有留下姓名,但是他们给后世留下的精美绝伦的艺术作品将永放光芒。

三、作品鉴赏

关键词:密宗线描造型

"千手千眼观音"是人们的美好愿望的化身。

这个洞窟的壁画是元代晚期的精品,同时也是莫高窟的压卷之作。

两幅《千手千眼观音》壁画笔墨精神、神采动人,在现存的元代壁画中堪称翘楚。

"千手千眼"是一种表现形式和象征意义,"千手"是众人之手,象征护遍众生;"千眼"是众生之眼,象征观遍万物。这幅作品的绘制者技艺精湛,人物造型准确,肢体结构严谨,层次得体自然。轻重、虚实、深浅、浓淡变换自如而又有机结合,线描纯熟,笔笔有力,且描法变化丰富。画面以圆润秀劲的铁线勾勒面部和肢体肌肤,显得丰满圆润;用棱角毕露的折芦描表现衣纹襞褶,体现布料质地的厚重感;用顿挫分明的钉头鼠尾描表现力士隆起的肌肉,给人肌肉饱满之感;用轻利飘逸的游丝描绘出蓬松的须发,有蓬松飘逸之感;通过挥毫运笔时抑扬顿挫、起笔婉转的运动来完成整幅壁画的造型勾勒,所以极富神韵。这些线描手法,无不应物象形,体现质感,准确描绘出了人物衣饰不同部位的特色质感,使画面情态逼真悦目,流畅细腻,意蕴无穷,已达到线描造形技法的最高境界。

画面以简淡的赋彩,清新淡雅,润泽、透明,成功地营造出了一种既庄重肃穆又让人感到亲近的氛围感。淡雅的画面、富有神韵的线条、严整而奇特的造型,都给人极高的审美感受。作者在线描造型时,需要全神贯注,倾注全部感情在笔端,在抑扬顿挫、起承转合中体现出了音乐的韵律感,这就是线描造型所独具的民族特色。八百余年后的今天,面对如此纷繁复杂的壁画,除了惊叹佩服当年画师高度成熟的技巧之外,那份心中的宁静、高远和洒脱更是使人感动。

这幅《千手千眼观音》传承了西藏密教艺术,又继承了中原绘画风格,艺术成就卓越,堪称元代壁画的精华。画中对线条炉火纯青的运用,显示了元代绘画艺术的发展高度,是敦煌壁画艺术在尾声阶段的回光返照,重放异彩。古代敦煌民众保持着传统的欣赏习惯,也才有接受外来新风的敏感和使之繁荣的可能。仅从美术史的角度来看,它就包含着难以估量的意义和巨大的价值。

尽管社会的变革和动荡,虽然这些画师们受雇于寺院,从《千手千眼观音》中我们可以看到,对艺术美的追求依然是他们的首要目标。通过他们的手塑造的菩萨神情优雅、飘逸洒脱,面相丰润、目光笃定,满怀慈悲怜悯的心胸和广世济世的情怀,永远打动着我们心灵。

【思考题】

1. 敦煌晚期人物壁画的特征有哪些? 这些特征是如何形成的?

2. 请思考敦煌晚期人物壁画的特征与早期、中期分别有何不同之处,并分析其原因。

3. 结合历史背景、艺术风貌及鉴赏要点,评析本讲的代表作品。

▶ 专题研讨

用科技守护古老文明①②③④⑤⑥

数字化不仅可以拉近文物和大众的距离,还可有效平衡文物保护

① 刘远富,冯朝晖,王征,李让.弘扬莫高精神 坚守初心使命[EB/OL].国家文物局,[2019 - 08 - 29],http://www.ncha.gov.cn/art/2019/8/29/art_2376_162360.html.
② 李超.用科技守护古老文明——访敦煌研究院院长苏伯民[EB/OL].百家号-中国甘肃网,[2022 - 06 - 25],https://baijiahao.baidu.com/s?id=1736535665527698575&wfr=spider&for=pc.
③ 李志刚.全国人大代表、敦煌研究院副院长苏伯民:推进数字化呈现 让文化遗产更亲民[EB/OL].中国旅游报,[2021 - 03 - 05],https://www.ctnews.com.cn/paper/content/202103/05/content_54992.html.
④ 任博.敦煌文化对外传播的实践与探索[EB/OL].腾讯网,[2022 - 01 - 21],https://new.qq.com/rain/a/20220121A05N4K00.
⑤ 刘舜欣.守护敦煌,腾讯这次交了一份浪漫的答案[EB/OL].腾讯网,[2021 - 09 - 07],https://new.qq.com/rain/a/20210907A0ES1T00.
⑥ 敦煌海外"圈粉"之旅:东方美学数字艺术品亮相世界舞台[EB/OL].中国网,[2022 - 07 - 22],http://wmzh.china.com.cn/2022-07/22/content_42045064.htm.

与传播普及的关系。与普通文物相比,敦煌石窟壁画和彩塑的数字化较为困难,要将壁画完整地"搬进"电脑,前期需要采集海量信息,后期还需要大量的人工手段完成数据拼接、整合、存储等工作。敦煌研究院院长苏伯民长期致力于敦煌莫高窟壁画、彩塑保护研究工作,推进敦煌文物数字化,他认为:"敦煌壁画终究只是用泥土以及一些植物颜料构成的,所以各种各样的自然因素时时刻刻在威胁着保护工作。比如早先针对游客对壁画产生的影响,我们也做了一系列的试验,观测到的数据显示一定会带来温度、湿度的升高,这种效果对敦煌壁画长期的保存便会带来潜在的风险。最后,经过我们的评估,在当时得出一个结论——莫高窟每天能够接待的人数大概就是 3000 人的样子,如果超出这个规模,就会对洞窟的环境产生比较大的危害。为此,我们就决定通过数字技术把洞内部分内容放到洞外来展示,让游客可以先了解敦煌壁画的一些历史背景以及一些主要特点,再进行有限度的实地参观。这样,既可以更好更方便地满足游客参观学习的需求,又能更加有效地开展保护工作。"

一、率先探索数字化

20 世纪 90 年代初,敦煌研究院率先在国内文博界开展文物数字化工作,经过近 30 年的不断探索实践,形成了一套科学的敦煌壁画数字化工作规范,制定了文物数字化保护标准体系,完成了敦煌石窟 211 个洞窟的数据采集工作,130 多个洞窟的图像处理、三维扫描和虚拟漫游节目制作工作,43 身彩塑和 2 处大遗址三维重建;先后上线中英文版本的"数字敦煌资源库",实现了敦煌石窟 30 个洞窟整窟高清图像的全球共享。苏伯民院长说:"党的十八大以来,国家高度重视文化遗产的保护,明确指出要让文化遗产活起来;而我们就想借助信息化技术的手段,特别是将数字技术发展领域最新的一些前沿技术,与古老优秀的敦煌文化结合起来,同时,我们还希望将敦煌艺术通过数字技术以场景化的方式展示出来,这样可以实现跟观众近距离的互动体验,甚至可以将其过程活灵活现地展示出来。"2017 年 9 月 20 日"数字敦煌"资源库英文版正式开通,"数字敦煌"资源网的全球访问量已达千万人次。此外,通过采用 8K 高分辨率技术拍摄,球幕电影《梦幻佛宫》带来的是"人在画中游"的神奇体验。厚重的历史、静态的壁画,一下子都"活"了起来。

图 4-12　球幕电影《梦幻佛宫》

二、疫情下加速发展

2020 年突如其来的新冠疫情给文化和旅游业带来了许多变化,其中旅游业数字化趋势十分明显。许多博物馆加大线上供给,加速数字化进程,开展云直播,设立云展馆等。敦煌研究院利用多光谱分析等技术,已经能够实现对壁画的无接触研究和预防性保护。260 多个洞窟已完成数字化，在对外展览、网络传播方面发挥了很大的作用。

"敦煌壁画内容极其丰富，对于如何对其中的信息进行进一步整理、提取，再分门别类地展示给大家，我们的数字化团队也正在努力"，苏伯明院长表示，"我们过去对敦煌文化对外的弘扬或者对外的讲授，都是专家学者对着静止的实物进行讲述。如今，利用数字技术这种虚拟的场景，以及人工智能等各种手段，能够把专家学者的研究成果活灵活现地表达出来，不用讲述便可以使大家一看就明白。同时，还能欣赏到敦煌壁画独具匠心的精美之处，进行全面的认识和了解，使观众与敦煌文化的距离愈发被拉近了。随着信息化传播手段不断的丰富，可以使更多不能来敦煌参观游览的国内外观众，能够轻松通过互联网这个渠道进行学习研究，无障碍了解、欣赏敦煌壁画，这也是我们一个由衷的愿望"。

三、数字手段扩大敦煌文化国际朋友圈

利用丝路文化、敦煌文化等品牌文化影响力，主动融入国内外文化交流大局。支持省内文化艺术高校和研究机构"以文会友"，与世界各国建立文化交流和友好往来长效机制，不断开展敦煌文化学术交流；鼓励省内文化机构与微软、腾讯、华为等多家知名企业在数字技术领域展开持续合作，探索"互联网＋中华文明"的创新之路，加快建设"数字敦煌"工程和"智能莫高窟"，依托科技手段把敦煌文化推介和传播出去，在消除疫情带来影响的同时，推动敦煌文化深入人心。综合运用"欢乐春节""部省对口合作""中外文化旅游年""云游中国"、国际文化旅游博览会等品牌活动影响力，采取线上线下相结合的方式，与"一带一路"共建国家和地区持续开展形式多样的合作交流，不断扩大敦煌文化的国际"朋友圈"，推动优质敦煌文化旅游产品走向海外。

同时，敦煌研究院不断开放共享敦煌文化资源，面向全球上线中英

文版的"数字敦煌"资源库,公布了敦煌石窟 30 个经典洞窟的原真资料,实现了全球分享,使各国学者、文化爱好者、公众通过"数字敦煌"网站不出国门,即可零距离感受真实敦煌,共同研究敦煌文化艺术。同时,通过融媒体平台,努力探索让文物"活"起来的有效途径,深入挖掘敦煌的文化价值,利用融媒体矩阵,对外宣传推广数字文化品牌及相关产品,深受社会公众的关注和喜爱。2021 年,敦煌研究院融媒体平台浏览量达 2 亿人次,访客覆盖 96 个国家(地区)和全国 34 个省(区、市),真正使洞窟里的文物"活"起来,"走"出来,成为"互联网+中华文明"行动计划的生动实践。

习近平总书记指出,要通过数字化、信息化等高技术手段,推动流散海外的敦煌遗书等文物的数字化回归,实现敦煌文化艺术资源在全球范围内的数字化共享。因此,应该加快敦煌遗书图片采集数字化建设工作,将英国、法国、日本、俄罗斯所藏敦煌文献全部数字化,为敦煌学研究提供良好的学术平台。要尽快启动建设敦煌流失海外出土文献数据库,使其成为世界级的敦煌西域与丝路文明研究信息中心,为学者最大限度地接近历史的真实提供可能。

四、科技+文化+公益——数字化探索的文创标杆

作为腾讯与敦煌研究院联合重磅推出的文创小程序,也是敦煌文化在互联网端传承与创新的集大成之作,"云游敦煌"2021 年总访问量已达 4 400 万人次,是敦煌莫高窟年接待量的 22 倍。纵观"云游敦煌"的创造与升级——科技的赋能让区块链、数字化等前沿技术让敦煌文化永葆青春;文化的根基则让"云游敦煌"在一次又一次升级迭代中永远有取之不尽,用之不竭的素材源泉;责任的担负,则通过唤起年轻一代对敦煌文化的关注与为敦煌石窟保护基金的善款募集结合,以"文化+科技+公益"的形式,引领敦煌文化代代弘扬,把文物有限的生命延

伸至无穷。事实上,"云游敦煌"早已不是腾讯与敦煌研究院关于文化遗产数字化的首次探索,在系列合作中,科技、文化与责任亦始终贯穿其中。

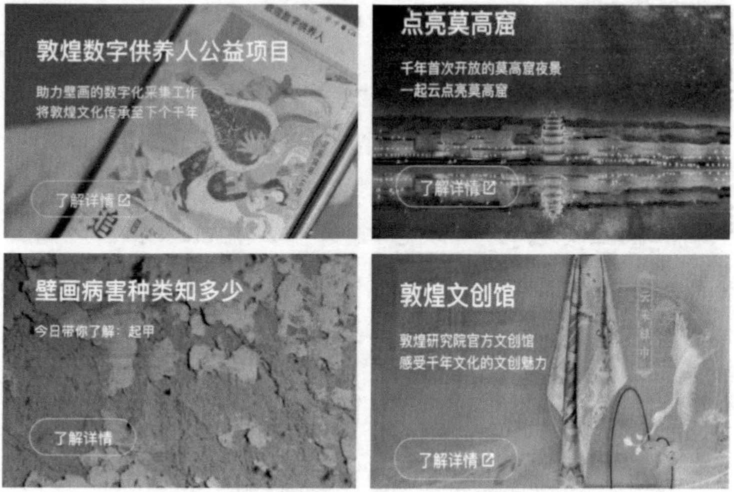

图4-13　腾讯与敦煌研究院联合出品的"云游敦煌"小程序

在年轻化道路的开拓上,腾讯团队则先后打造了《王者荣耀》"飞天""神鹿"款皮肤。在敦煌专家的指导下,用了6个月时间,派出22位设计师,前后共创作了37个版本,从仪态、颜色,服饰到肢体比例,每个细节都能在莫高窟里找到出处,受到超过7 000万用户的喜爱。如此匠心之作,让敦煌留存千年的文化艺术再度进入寻常百姓家,从"古老、遥远、神秘"变得"时尚、可感、有趣"。

NFT(Non-Fungible Token,非同质化代币),是用于表示数字资产的唯一加密货币令牌,存于区块链上,具有不可分割、不可替代、独一无二等特点。有人说,NFT相当于带有编号的人民币,世界上不会有两张编号一样的人民币,也不会有两个完全一样的NFT。而这次,

NFT 则被运用到了文博界，"科技＋文化"赋能，成为敦煌文化弘扬的创新尝试，也是腾讯"科技向善"的使命所在。

▶ 导读与思考

从百废待兴，抢救文物到面向世界，科学保护，精心管理，再到探索"数字敦煌"，敦煌瑰宝传播与传承的技术手段不断升级，与时俱进，逐步探索出了一套科学的古代壁画保护程序和规范，以及传统文化与科技融合的中国模式。要弘扬矢志不渝的匠心精神，让人永葆对敦煌文化的谦卑与敬畏。请思考，科技如何传统文化的保护与传播中发挥更大的作用。

▶ 探索实践

关于未来科技的畅想

1. 请搜集和总结现代科技在敦煌文化保护、修复与传播中的应用现状。

2. 畅想未来科技在敦煌壁画保护与传播中的应用。

参 考 文 献

［1］"爱达·魔都号"商业首航举办"敦煌系列"大讲堂,国产大型邮轮架起文化桥梁[EB/OL].浦东观察.上观,2024－01－05,https://web.shobserver.com/sgh/detail? id＝1227108.

［2］"爱达·魔都号"顺利完成首航并开启常态化运营——国产大邮轮驶向大海[EB/OL].人民日报海外版.新华网,2024－01－17,http://www. news. cn/fortune/20240117/5bee298a8a4c43f1931f43b9789c0587/c.html.

［3］白晓睛,向勇.空间与媒介维度下文旅 IP 的体验置景研究[J].福建论坛(人文社会科学版).2022(6)：39－46.

［4］白玉刚.深入学习贯彻习近平文化思想 勇担新时代新的文化使命[N]. 人民日报,2023－12－08.

［5］"褒衣博带"：魏晋南北朝时期穿衣的时尚标志[N].新京报,2023－07－07.

［6］蔡瑞勇.浅谈谢赫"六法"对学习书画的影响及意义[J].美术教育研究,2013(10)：10－11.

［7］陈凤娣.文化 IP 赋能乡村产业融合发展的内在逻辑与路径思考[J].福建论坛(人文社会科学版),2022(5)：29－38.

［8］陈佳舟,黄可妤,封颖超杰,等.基于古代绘画的古诗自动生成方法[J].计算机辅助设计与图形学学报,2021,33(7)：1038－1044.

[9] 陈旻.大匠之风|面壁佛窟传绝技——赵俊荣的敦煌临摹世界[DB/CD].当代敦煌,2017-08-13.https://mp.weixin.qq.com/s?_biz=MzI2MDYxNDE1NA===&mid=2247490391&idx=1&sn=a7b841473d3f3384acae6030a92362ab&chksm=ea67aa32dd102324b7c850676ebc1e10598184dc801582184798883e6712455057f2ce28a429&scene=27.

[10] 陈瑜,杨逸淇.学术圆桌|以文化自信筑牢强国复兴精神之基[N].文汇报,2024-07-21.

[11] 崔宁宁.补齐美育教育的"短板"[EB/OL].中国青年网,2020-10-15,https://edu.youth.cn/jyzx/jyxw/202010/t20201015_12531120.htm.

[12] 崔霞,吴天白.樊锦诗担任首艘国产大型邮轮启航大使 16 幅敦煌壁画亮相邮轮[EB/OL].央视新闻,2023-12-23,https://news.cctv.com/2023/12/23/ARTIe57joiqvAMETxgQ4UEqK231223.shtml.

[13] 崔岩.敦煌艺术让孩子理解"真善美"——专访常沙娜[J].美术观察,2023(06).

[14] 大西北消息速览.敦煌藻井之美[EB/OL].甘肃省文物局.搜狐网,2021-11-22,https://www.sohu.com/a/502778376_121106869.

[15] 段文杰.敦煌早期壁画的民族传统和外来影响[J].文物.1978(12).

[16] 敦煌壁画 第 257 窟 莲花藻井 北魏[EB/OL].中国佛教协会,2017-03-04,https://www.chinabuddhism.com.cn/tp/2017-03-04/5001.html.

[17] 敦煌海外"圈粉"之旅:东方美学数字艺术品亮相世界舞台[EB/OL].中国网,2022-07-22,http://wmzh.china.com.cn/2022-07/22/content_42045064.htm.

［18］敦煌文化旅游.这届童年的"敦煌"长啥样?看《敦煌的故事》［EB/OL］.澎湃新闻·澎湃号·政务,2024－06－17,https://www.thepaper.cn/newsDetail_forward_27780444.

［19］敦煌文物研究所.敦煌研究文集［M］.兰州:甘肃人民出版社,1982.

［20］敦煌研究院.敦煌壁画艺术继承与创新国际学术研讨会论文集［M］.上海:辞书出版社,2008.

［21］敦煌 一个井盖上都印有"飞天"的城市［EB/OL］.人民网,2017－07－31,http://edu.people.com.cn/n1/2017/0731/c413444-29439648.html.

［22］樊锦诗.禅宗经典故事［M］.上海:华东师范大学出版社,2010.

［23］樊锦诗.好书·推荐|让我们一起走进敦煌文化［EB/OL］.上观,2022－06－13,https://sghexport.shobserver.com/html/baijiahao/2022/06/13/768634.html.

［24］樊锦诗.好书·推荐|让我们一起走进敦煌文化［EB/OL］.上观,2022－06－13,https://sghexport.shobserver.com/html/baijiahao/2022/06/13/768634.html.

［25］樊锦诗.解读敦煌［M］.上海:华东师范大学出版社,2010.

［26］樊锦诗.挖掘敦煌文化遗产中蕴含的中华文明精神标识［J］.人民日报,2024－07－01.

［27］樊锦诗.中国敦煌［M］.南京:江苏美术出版社,2010.

［28］封颖超杰,周姿含,张玮,等."为你写诗":面向中国古典诗歌的可视化交互创作系统［J］.计算机辅助设计与图形学学报,2021,33(9):1318－1325. FENG Y, ZHOU Z H, ZHANG W, et al. WPFY: visual interactive authoring system for Chinese classical poetry［J］. Journal of Computer-Aided Design & Computer

Graphics，2021，33(9)：1318 - 1325 (in Chinese).

[29] 傅才武,程玉梅."文化长江"超级 IP 的文化旅游建构逻辑：基于长江国家文化公园的视角[J].福建论坛(人文社会科学版),2022(8)：13 - 25.

[30] 高斌.习近平：中华优秀传统文化是最深厚的文化软实力[EB/OL].湖北日报,2013 - 10 - 27,http://theory.people.com.cn/n/2013/1014/c40531 - 23198599.html.

[31] 高平叔.蔡元培教育文选[M].北京：人民教育出版社,1980.

[32] 关于敦煌琵琶谱的历史称谓,参见：陈应时.敦煌乐谱解译辨证[M].上海：上海音乐学院出版社,2005.

[33] 郭连章.二十一世纪新美学[M].北京：文化发展出版社,2019.

[34] 弘扬莫高精神　坚守初心使命[EB/OL].澎湃新闻·澎湃号·媒体,2021 - 09 - 20,https://www.thepaper.cn/newsDetail_forward_14590003.

[35] 胡盈.文化价值视域下博物馆数字藏品开发探究[J].东南文化,2023(3)：185 - 190.

[36] 华戎所交,一都会也|敦煌文化的历史沿革[EB/OL].中国小康网,2020 - 02 - 17,https://gs.ifeng.com/c/7u8Ba1OnE2h.

[37] 黄凯锋.如何发展新时代中国特色社会主义文化[EB/OL].解放日报,2018 - 02 - 13,http://theory.people.com.cn/n1/2018/0213/c40531 - 29822531.html.

[38] 纪理想,陈铭,赵馨平.文旅融合背景下公共图书馆文创产品 IP 构建研究[J].图书馆工作与研究,2023(3)：105 - 112.

[39] 蒋孔阳.中国古代绘画的基本特点[J].学术月刊,2003,35(6)：51 - 57,102.

[40] 郎绍君.早期敦煌壁画的美学性格[J].文艺研究,1983(01)：

1－10.

［41］李超.用科技守护古老文明——访敦煌研究院院长苏伯民［EB/
OL］.百家号-中国甘肃网,2022－06－25,https://baijiahao.baidu.
com/s?id=1736535665527698575&wfr=spider&for=pc.

［42］李凤亮,古珍晶.我国博物馆文化新业态的产业特征与发展趋势
［J］.山东大学学报(哲学社会科学版),2022(1):96－106.

［43］李金田,戴恩来.敦煌文化与中医学［M］.北京:中国中医药出版
社,2017.

［44］李康敏.敦煌壁画的色彩及其历史流变［J］.艺术传播研究杂志,
2023 年第一期.

［45］李斯托威尔.近代美学史评述［M］.上海:上海译文出版社,1980.

［46］李晓艳,达冷哈斯,吴亚文.敦煌:"旅游＋"让文旅产业全域开花
［EB/OL］.新华网甘肃,2024 － 05 － 13,http://gs.news.cn/
shizhou/2024－05/13/c_1130143611.htm.

［47］李泽厚.美的历程［M］.北京:生活·读书·新知三联书店,2014.

［48］李志刚.全国人大代表、敦煌研究院副院长苏伯民:推进数字化呈
现　让文化遗产更亲民［EB/OL］.中国旅游报,2021 － 03 － 05,
https://www.ctnews.com.cn/paper/content/202103/05/content_
54992.html.

［49］刘发为.越是伟大的事业越需要开拓创新(望海楼·解读中共百年
奋斗的历史经验⑦)［EB/OL］.人民网-人民日报海外版,2021－12－
03, http://theory.people.com.cn/n1/2021/1203/c40531-
32298240.html.

［50］刘辉,朱晓云,李峰,等."文旅融合下博物馆文创的探索与实践"
学人笔谈［J］.东南文化,2021(6):135－149＋190－192.

［51］刘远富,冯朝晖,王征,等.弘扬莫高精神坚守初心使命［EB/OL］.

国家文物局,2019－08－29,http://www.ncha.gov.cn/art/2019/8/29/art_2376_162360.html.

[52] 刘臻.音乐剧"铁三角"聚首《飞天》,特邀嘉宾阿云嘎献唱推广曲[EB/OL].新京报,2021－08－28,https://www.bjnews.com.cn/detail/163012067414221.html.

[53] 刘中华,焦基鹏.文旅融合背景下海派传统工艺美术 IP 资源开发策略研究[J].浙江大学学报(人文社会科学版),2022,52(1):126－135.

[54] 卢健松.当代公共艺术与乡村人居环境的自组织发展[J].中外建筑,2012(10):32－39.

[55] 洛秦."唐朝传来的音乐"的历史本真性与文化想象——《大唐余韵——吴蛮演绎敦煌琵琶谱》的历史音乐人类学叙说[J].中央音乐学院学报,2024(02).

[56] 马一凡.习近平总书记强调的"精神家园"[EB/OL].理论网,2022－09－19,https://paper.cntheory.com/html/2022-09/19/nw.D110000xxsb_20220919_2-A2.htm.

[57] 莫高精神[EB/OL].敦煌研究院,https://www.dha.ac.cn/mgjs/mgjs.htm.

[58] 莫高窟参观预约网.在敦煌不只有飞天九色鹿;朋友,藻井了解下[EB/OL].每日头条,2020－12－08,https://kknews.cc/zh-sg/culture/3yg5gvo.html.

[59] 潘天寿.中国传统绘画的风格特点[J].美术,1978(6):16－36,26.

[60] 彭锋.中国美学通史·现代卷[M].南京:江苏人民出版社,2014.

[61] 澎湃号·政务.学"习"传统|十四五时期要进一步提升中华文化影响力[EB/OL].澎湃新闻,2020－10－30,https://www.thepaper.cn/newsDetail_forward_9794410.

[62] 祁述裕.党的十九大关于文化建设的四个突出特点[EB/OL].人民网-理论频道,2017 - 12 - 01,http://theory.people.com.cn/GB/nl/2017/1201/c40531-29680137.html.

[63] 任博.敦煌文化对外传播的实践与探索[EB/OL].甘肃省文化和旅游厅,2022 - 01 - 21,https://www.gswbj.gov.cn/a/2022/01/21/12406.html.

[64] 荣新江.不仅仅是敦煌[N].光明日报,2020 - 12 - 19(9).

[65] 深刻领会习近平文化思想的丰富内涵(深入学习贯彻习近平新时代中国特色社会主义思想)[EB/OL].民网-人民日报,2024 - 01 - 11,http://theory.people.com.cn/n1/2024/0111/c40531-40156821.html.

[66] 施秀萍.让莫高精神绽放新的时代光芒[EB/OL].敦煌研究院,2022 - 05 - 12,https://www.dha.ac.cn/info/1021/3319.htm.

[67] 什么是敦煌学[EB/OL].敦煌旅游网,https://www.dunhuangtour.com/cn/dunhuang_learning/505.html.

[68] 丝路上的犍陀罗佛教建筑和艺术[EB/OL].光明网,2019 - 05 - 07,https://m.gmw.cn/baijia/2019-05/07/32810477.html.

[69] 孙振华.公共艺术的乡村实践[J].公共艺术,2019(3):32 - 39.

[70] 王道俊,王汉澜.教育学[M].北京:人民教育出版社,2004.

[71] 王斯加,封颖超杰,朱航,等.TCPVis:基于谢赫六法的传统中国绘画画派可视分析系统[J],图学学报,2024,45(01).

[72] 王文星.魏晋南北朝时期洞窟艺术形式分析[J].名作欣赏.2023(29).

[73] 微敦煌.中国航天×敦煌飞天　欢迎宇航员回家![EB/OL].腾讯网,2022 - 04 - 16,https://new.qq.com/rain/a/20220416a02p0900.

[74] 巫鸿.五代至南宋,涌现《韩熙载夜宴图》《千里江山图》《清明上河图》等传世名作[EB/OL].北京日报,2023－08－18,https://news.bjd.com.cn/2023/08/18/10534182.shtml.

[75] 习近平.在敦煌研究院座谈时的讲话[EB/OL].求是网,2020－01－31,http://www.qstheory.cn/dukan/qs/2020-01/31/c_1125497461.htm.

[76] 习近平.在中国文联十大、中国作协九大开幕式上的讲话[EB/OL].新华社,2016－11－30,http://www.xinhuanet.com/politics/2016-11/30/c_1120025319.htm.

[77] 项楚.敦煌语言文学资料的独特价值[J].中国社会科学,2021(8):149－156.

[78] 肖金志.剧场化空间的感知[D].天津美术学院,2013.

[79] 肖金志.乡村振兴战略下"公共艺术＋乡村旅游"发展路径研究[J].甘肃农业,2023(07):54－58.

[80] 闫金红,李繁荣.习近平文化思想:出场逻辑、内涵要旨及价值意蕴[J].领导科学,2024－04－30.

[81] 杨宝玉.敦煌文书的宝贵价值[M].北京:社会科学文献出版社,2011.

[82] 杨司奇.敦煌守护者　寂寞人间世[N].新京报,2019－11－03.

[83] 杨雪琴,努尔古丽·阿不都苏力,黄俊又.文旅IP授权的模式分析——以敦煌博物馆为例[J].中国商论,2024(12):1－10.

[84] 杨扬歌.魏晋南北朝绘画艺术和人文历史的"人文自觉"关系探究——以陆探微和竹林七贤图为例[J].东方收藏,2022(04).

[85]《衣尚中国》第十期和合之美　以"国际视角"和"融合"实现"美美与共"[EB/OL].北青网.光明文娱,2021－01－25,https://e.gmw.cn/2021-01/25/content_34569890.htm.

［86］艺术开卷|从西方走来的圣像尊容——北朝壁画艺术［EB/OL］. 澎湃新闻，2022－11－01，https://m.thepaper.cn/kuaibao_detail. jsp?contid＝20497831&from＝kuaibao.

［87］易存国.敦煌艺术美学［M］.上海：上海人民出版社，2005.

［88］用数字技术在"云"上"点亮"莫高窟，还原千年点灯夜景［EB/ OL］.澎湃新闻，2021－02－08，https://m.thepaper.cn/wifiKey_ detail.jsp?contid＝11271314&from＝wifiKey♯.

［89］再思"美育代宗教"——在20世纪早期美学与佛学关系中的一个 考察［J］.郑州大学学报（哲学社会科学版），2018年3月.

［90］詹志和.佛陀与维纳斯之盟：中国近代佛学与文艺美学［M］.长 沙：湖南师范大学出版社，2006.

［91］张文博.古今双"飞天"奏响文旅融合新乐章——酒泉市倾力打造大 敦煌文化旅游经济圈［EB/OL］.来源：甘肃日报.国际在线，2022－ 04－21，https://news.cri.cn/n/20220421/2e00675b-e7a2-4c3a- c770-4a24342b89cf.html.

［92］张振鹏.文化产业新质生产力的核心要素及其结构形态［J］.深圳 大学学报（人文社会科学版），2024，41（04）：1-12.

［93］赵力冬.敦煌壁画中山水描绘特色［J］.炎黄地理，2020，（03）：24- 26.

［94］赵声良.色彩雍容——敦煌里的中国色彩美学［N］.光明日报， 2024－07－24.

［95］中共中央办公厅　国务院办公厅印发.关于实施中华优秀传统文 化传承发展工程的意见［EB/OL］.政府网，2017－01－25，http:// www.gov.cn/zhengce/2017-01/25/content_5163472.htm.

［96］中共中央党校（国家行政学院）校（院）务委员会.深刻领会习近平 文化思想的丰富内涵［N］.人民日报，2024－01－11.

[97] 段文杰：唐代前期的莫高窟艺术［EB/OL］.节选自《佛在敦煌》，段文杰著，中华书局出版.生活周刊，https：//www.lifeweek.com.cn/article/61459.

[98] 周积寅.中国画派论［J］.艺术百家，2013，29(6)：49-70，39.

[99] 祝唯庸.一看就懂的中国艺术史-三-书画卷，盛唐盛：世浓妆［M］.桂林：广西师范大学出版社，2021：295-298.

[100] FENG Y，CHEN J Z，HUANG K Y，et al. iPoet：interactive painting poetry creation with visual multimodal analysis［J］. Journal of Visualization，2022，25(3)：671-685.

[101] ZHANG W，WONG J K，CHEN Y T，et al. ScrollTimes：tracing the provenance of paintings as a window into history ［EB/OL］.［2023-05-09］. https：//arxiv.org/abs/2306.08834. pdf.

[102] ZHOU J Y. Discourse upon painting school in China［J］. Hundred Schools in Arts.2013，29(6)：49-70，39.